Vegetarisches Kochbuch für Anfänger

Die 150 besten vegetarischen und veganen Rezepte für die ganze Familie!

Low Carb, asiatisch, indisch & mehr - Gesunde Ernährung leicht gemacht mit Nährwertangaben

2. Auflage

ISBN: 9798706792619

Inhaltsverzeichnis

Entwicklung der vegetarischen Ernährung

Der Philosoph und Mathematiker Pythagoras von Samos (um 570–500 v. Chr.) gilt als einer der Vorreiter des Vegetarismus. So lehnte er tierische Nahrung und Tieropfer ab, da er von einer seelischen Verbundenheit zwischen Menschen und Tieren überzeugt war. Durch seine Lehren wurde auch der Begriff „Pythagoräer“ geprägt, der bis zur Mitte des 19. Jahrhunderts gebräuchlich war. Im Jahr 1847 wurde in England die „Vegetarian Society” gegründet und die Bezeichnung „Vegetarier“ wurde üblich. Etwa seit den 1960er-Jahren findet der Vegetarismus auch international Einzug in vielen Küchen und Restaurants. Außerdem wird seit 1977 jährlich am 1. Oktober der „Weltvegetariertag“ gefeiert. In der heutigen Zeit ernähren sich weltweit circa eine Milliarde Menschen vegetarisch, rund 8 Millionen leben davon in Deutschland.

Vegetarismus als Investition in die Zukunft?

Das Wort „Vegetarismus“ wird vom lateinischen *vegetabilis* abgeleitet, das unter anderem „belebend“ bedeutet. Wie inzwischen zahlreiche Studien zeigen, kann eine vegetarische Ernährungsweise sehr positive Auswirkungen auf die Gesundheit haben. Beispielsweise soll pflanzliche Nahrung dazu führen, dass man länger kaut und dadurch bewusster isst. Außerdem sollen so der Stoffwechsel und die Verdauung besser angeregt werden. Darüber hinaus wird angenommen, dass für Vegetarier ein geringeres Risiko besteht, an Diabetes, Herz-Kreislauf-Krankheiten, Darmkrebs oder Übergewicht zu erkranken.

Doch nicht nur für den Einzelnen kann Vegetarismus Vorteile mit sich bringen: Gemüseanbau ist effizienter als Viehzucht, da hierbei Ressourcen wie Wasser oder Nutzfläche eingespart werden können. Zudem würde eine Reduktion der Tierhaltung für geringere Treibhausgasemissionen sorgen, somit kann man durch Vegetarismus auch seinen CO2-Fußabdruck verbessern. Jeder Verbraucher kann also durch seine Ernährung einen bedeutsamen Beitrag zur Bekämpfung des Welthungers und der Umweltbelastung leisten.

Vegetarismus im Alltag

Immer mehr Menschen entscheiden sich für eine vegetarische Ernährung. Jedoch gibt es nicht die eine, sondern verschiedene Formen des Vegetarismus. Ovo-Vegetarier essen Eier, aber konsumieren keine Milchprodukte. Lacto-Vegetarier hingegen essen keine Eier, aber konsumieren Milchprodukte. Die meisten Vegetarier sind Ovo-Lacto-Vegetarier, die neben pflanzlicher Nahrung auch Milchprodukte sowie Eier zu sich nehmen. Teilweise werden auch Pescetarier zu den Vegetariern gezählt, da sie zwar Fisch und Meeresfrüchte, aber kein Fleisch essen.

Die Grundlage vegetarischer Ernährung bilden generell Gemüse und Früchte. Sie sind allgemein reich an Vitaminen, Mineral- und Ballaststoffen. Pro Tag gelten 300 g Obst und mindestens 400 g Gemüse als Richtwert. Insgesamt sollte man täglich etwa zwei Portionen Obst und drei Portionen Gemüse essen. Kartoffeln und Getreide spielen ebenfalls eine wichtige Rolle, da sie eine hohe Konzentration an Kohlenhydraten aufweisen. Milchprodukte und Eier liefern Kalzium, Eiweiß und Vitamin B12. Hülsenfrüchte versorgen den Körper mit Eiweiß und Ballaststoffen. Auf eine ausreichende Aufnahme von Nährstoffen wie Eisen, Vitamin B12 und Kalzium sollten Vegetarier besonders achten – möglichen Mängeln kann durch regelmäßige Kontrollen beim Hausarzt jedoch leicht vorgebeugt werden.

Manch angehender Vegetarier fürchtet zu Beginn der Ernährungsumstellung vielleicht, sich zukünftig einschränken zu müssen. Allerdings stellt Vegetarismus häufig eine Bereicherung anstatt eines Verzichts dar: durch den Fokus auf pflanzliche Lebensmittel kann man viele Produkte und Zubereitungsarten neu für sich entdecken. Falls man den Geschmack von Fleisch doch einmal vermissen sollte, ist auch das kein Problem. Aufgrund der steigenden Nachfrage ist das Sortiment an Soja, Tofu, Tempeh, Seitan und Fleischersatzprodukten besonders in den letzten fünf Jahren gewachsen. Falls einem die Umstellung schwer fällt, kann man vegetarische Ernährung auch einfach zeitweise ausprobieren, zum Beispiel im Rahmen einer „30-Tage-Challenge".

Egal, ob Sie bereits Vegetarier sind, es noch werden wollen, oder ob Sie einfach nur weniger Fleisch essen möchten, dieses Buch enthält abwechslungsreiche Rezepte für den Alltag und für besondere Anlässe.

Neben rein vegetarischen Rezepten finden Sie auch Rezepte, die an fleischhaltige Klassiker angelehnt sind. So kommen Sie bestimmt auf den Geschmack der fleischfreien Küche und können sich pflanzenbasiert ernähren, ohne dabei ein „Pudding-Vegetarier" zu werden. Die Nährwertangaben erleichtern eine ausgewogene Ernährung zusätzlich.

Hinweis zu den Rezepten

Sie werden sich sicher fragen, warum unser Rezeptbuch keine bunten und ansprechenden Fotos beinhaltet. Fotos im Hochglanzformat sind mit hohen Druckkosten und Kosten für die Erstellung der Bilder verbunden. Sicherlich sehen sie schön aus und unterstreichen das Rezept auf besondere Art und Weise, doch verursachen sie hohe Kosten, die am Ende der Käufer tragen muss.

In unserem Buch finden Sie eine Vielzahl an tollen Rezepten, die sich einfach und mit wenigen Handgriffen zubereiten lassen. Ein Bild ist dafür normalerweise nicht notwendig. Wenn wir uns die Kosten für ein Buch mit Fotos anschauen, liegen wir schnell bei mehr als 20 – 50 €. Die meisten Kunden sind jedoch nicht bereit, für ein Buch so viel Geld zu bezahlen. Damit jeder trotzdem die tollen Rezepte für sich entdecken kann, haben wir daher auf teure Fotos verzichtet und können das Buch deutlich günstiger anbieten.

Viele Leser haben bestimmt auch schon festgestellt, dass die abgebildeten Fotos in den Büchern meist nur Beispielbilder sind. Sie stellen zwar ein ansprechendes Gericht dar, aber entsprechen meist nicht den angegebenen Rezepten. Wir möchten unsere Leser vor dieser Enttäuschung bewahren und haben zusätzlich aus dem Grund auf bunte Bilder verzichtet.

In unserem vegetarischen Kochbuch finden Sie 150 der besten und leckersten vegetarischen und veganen Rezepte für die ganze Familie. Gesund, nahrhaft und ganz ohne Fleisch und Fisch! Mit den genauen Nährwertangaben und einfachen Zubereitungsschritten, ist jedes Gericht ganz einfach nachzumachen.

Wir wünschen Ihnen guten Appetit!

Frühstück

1. Smoothie-Bowl

Zutaten für 4 Portionen:

- 1 Apfel
- 4 Bananen
- 50 g Blattspinat
- 6 EL Haferflocken
- 150 ml Kokosnussmilch
- 2 Kiwis
- 4 EL Chiasamen
- 125 g Blaubeeren
- 4 EL Mandelblättchen

Nährwertangaben pro Portion:

- Kalorien: 235 kcal
- Kohlenhydrate: 45 g
- Fett: 4 g
- Eiweiß: 5 g

Zubereitungszeit: 15 Minuten

Zubereitung:

1. Den Apfel schälen, entkernen und in Stücke schneiden. Die Bananen ebenfalls schälen und stückeln. Zusammen mit Spinat, Haferflocken und Kokosnussmilch pürieren.
2. Die Kiwis schälen und in Scheiben schneiden. Die gewünschte Menge des Pürees in eine Schüssel geben und mit Kiwi, Chiasamen, Blaubeeren und Mandelblättchen jeweils reihenweise garnieren.

2. Haferbrei mit Apfel

Zutaten für 1 Portion:

- 1 Apfel
- 1 EL Zitronensaft
- 1 ½ EL Ahornsirup
- 1 TL Zimtpulver
- 1 Prise Salz
- 180 ml Milch
- 50 ml Wasser
- 40 g Haferflocken
- 1 EL getrocknete Cranberrys
- 1 EL Mandeln

Nährwertangaben pro Portion:

- Kalorien: 430 kcal
- Kohlenhydrate: 58 g
- Fett: 14 g
- Eiweiß: 15 g

Zubereitungszeit: 20 Minuten

Zubereitung:

1. Den Apfel waschen und entkernen. Die Schale nach Wunsch ebenfalls entfernen. Ein Viertel des Apfels mit einer Reibe zu Brei verarbeiten und mit Zitronensaft mischen.
2. Den übrigen Apfel würfeln und mit einem Esslöffel Ahornsirup, Zimtpulver und Salz vermengen.
3. Milch und Wasser zusammen in einem Topf aufkochen lassen. Die Haferflocken und das Apfelmus untermischen. Unter gelegentlichem Rühren bei geringer Hitze 5–10 Minuten köcheln lassen.
4. In der Zwischenzeit die Mandeln hacken und mit den Cranberries zu den Apfelstücken hinzufügen.
5. Den Haferbrei in eine Schüssel füllen und mit dem Mandel-Frucht-Mix sowie einem halben Esslöffel Ahornsirup anrichten.

3. French Toast

Zutaten für 2 Portionen:

- 120 ml Milch
- 2 Eier
- 1 TL Zimtpulver
- 4 Scheiben Toastbrot
- 2 EL Butter
- 1 EL Puderzucker

Nährwertangaben pro Portion:

- Kalorien: 314 kcal
- Kohlenhydrate: 28 g
- Fett: 17 g
- Eiweiß: 10 g

Zubereitungszeit: 10 Minuten

Zubereitung:

1. Milch, Eier und Zimtpulver vermengen. Die Toastscheiben in der Mischung wenden.
2. Die Butter in einer Pfanne erhitzen und die Toastscheiben darin anbraten, bis sie knusprig sind.
3. Die Scheiben mit Puderzucker bestreuen und nach Wunsch zusätzlich mit Ahornsirup oder Früchten servieren.

4. Schokoladen-Aufstrich

Zutaten für 4 Portionen:

- 120 g Haselnusskerne
- 80 g Datteln, ohne Stein
- 20 g Kakaopulver
- 1 Prise Salz
- 50 ml Wasser
- 1 Prise Vanillemark
- 1 Prise Zimtpulver
- 3 EL Haselnusskerne, gehackt

Nährwertangaben pro Portion:

- Kalorien: 305 kcal
- Kohlenhydrate: 16 g
- Fett: 22 g
- Eiweiß: 7 g

Zubereitungszeit: 15 Minuten

Zubereitung:

1. Die Datteln in Wasser einweichen. Zwischenzeitlich die Haselnusskerne in einer Pfanne ohne Fett etwa 8 Minuten lang rösten, dabei gelegentlich rühren. Die Datteln abgießen.
2. Die Nüsse pürieren, bis sie cremig sind. Datteln, Kakaopulver und Salz hinzufügen und die Mischung nochmals pürieren.
3. Kleine Mengen Wasser unterrühren, sodass die Mischung leicht zu verstreichen ist. Mit den übrigen Haselnussstückchen garnieren.
4. In luftdichten Behältern im Kühlschrank aufbewahrt ist der Aufstrich etwa 7 Tage lang haltbar.

5. Streich“wurst“

Zutaten für 5 Portionen:

- 15 ml Bratöl
- 110 g rote Zwiebel
- 265 g Kidneybohnen
- 60 g Räuchertofu
- 30 ml Olivenöl
- 2 TL Petersilie
- 1 TL Majoran
- ½ TL Salz
- 1 Prise Muskatpulver
- Schwarzer Pfeffer

Nährwertangaben pro Portion:

- Kalorien: 155 kcal
- Kohlenhydrate: 9 g
- Fett: 10 g
- Eiweiß: 5 g

Zubereitungszeit: 10 Minuten

Zubereitung:

1. Die Zwiebel grob schneiden. Das Bratöl in einer Pfanne erhitzen. Die Zwiebel darin leicht anbraten, bis sie glasig wird.
2. Die Zwiebel mit den restlichen Zutaten pürieren, bis die gewünschte Konsistenz erreicht ist.
3. In luftdichten Behältern im Kühlschrank aufbewahrt ist der Aufstrich etwa 5 Tage lang haltbar.

6. Avocado mit Spiegelei

Zutaten für 2 Portionen:

- 1 Avocado
- 2 Eier
- ½ TL Salz
- ½ TL Pfeffer
- ½ TL Chiliflocken
- 1 TL Koriander oder Petersilie, gehackt

Nährwertangaben pro Portion:

- Kalorien: 301 kcal
- Kohlenhydrate: 1g
- Fett: 28 g
- Eiweiß: 6 g

Zubereitungszeit: 20 Minuten

Zubereitung:

1. Den Backofen auf 180 °C vorheizen. Die Avocado halbieren und entkernen. Gegebenenfalls die Mulde vertiefen, damit das Ei nicht herausläuft.
2. Jeweils ein Ei in die Mulden füllen und die Avocado im Ofen etwa 15 Minuten backen.
3. Die Avocado salzen, pfeffern und mit den Kräutern und Chiliflocken garnieren.

7. Orangen-Milchreis

Zutaten für 2 Portionen:

- 125 g Milchreis
- 500 ml Mandelmilch
- ½ Vanilleschote
- 1 Prise Salz
- Saft von 2 Orangen
- 1 Orange, filetiert und in Stückchen geschnitten
- ½ TL Zimtpulver
- ¼ TL Kardamompulver
- ¼ TL Ingwerpulver
- ½ EL Speisestärke

Nährwertangaben pro Portion:

- Kalorien: 368 kcal
- Kohlenhydrate: 81 g
- Fett: 1 g
- Eiweiß: 6 g

Zubereitungszeit: 35 Minuten

Zubereitung:

1. Den Milchreis mit der Mandelmilch, der Vanilleschote und einer Prise Salz aufkochen, dabei durchgehend rühren.
2. Bei geringer Hitze 25 Minuten lang köcheln lassen und dabei gelegentlich rühren.
3. 2 Esslöffel des Safts mit der Speisestärke vermischen, sodass keine Klümpchen vorhanden sind. Den übrigen Saft mit den Gewürzen aufkochen. Die angerührte Speisestärke hinzufügen und nochmals aufkochen lassen, dabei umrühren.
4. Die Orangenstückchen hinzufügen und die Sauce 3 Minuten leicht köcheln lassen.
5. Den Milchreis mit der Sauce servieren.

8. Bananenbrot

Zutaten für 10 Portionen:

- 2 Eier
- 160 g brauner Rohrrohrzucker
- 100 g weiche Butter
- 350 g reife Bananen
- 2 TL Zitronensaft
- ½ TL Zimtpulver
- 180 g Mehl
- ½ TL Salz
- 2 TL Backpulver
- 100 g Walnusskerne, gehackt

Nährwertangaben pro Portion:

- Kalorien: 320 kcal
- Kohlenhydrate: 37 g
- Fett: 15 g
- Eiweiß: 5 g

Zubereitungszeit: 70 Minuten

Zubereitung:

1. Den Ofen auf 170 °C vorheizen.
2. Die Eier zunächst mit dem Zucker schaumig rühren, dann die Butter hinzufügen und weiter schaumig rühren.
3. Die Bananen mit einer Gabel zerdrücken und mit dem Zitronensaft verrühren. Den Brei, das Zimtpulver und die Eier vermengen.
4. Das Mehl sieben und mit Salz und Backpulver zu den feuchten Zutaten geben. Die Walnussstücke hinzufügen und alles zu einer glatten Masse verrühren.
5. Den Teig in eine eingefettete Kastenform füllen und etwa 50 Minuten backen.

9. Müsliriegel

Zutaten für 6 Portionen:

- 100 g Puffreis
- 100 g Haferflocken
- 50 g Sonnenblumenkerne
- 50 g braune Mandeln
- 50 g getrocknete Aprikosen
- 50 g Margarine
- 30 ml Honig
- 1 TL Zitronensaft

Nährwertangaben pro Portion:

- Kalorien: 330 kcal
- Kohlenhydrate: 34 g
- Fett: 17 g
- Eiweiß: 7 g

Zubereitungszeit: 20 Minuten, Ruhezeit: 1 Stunde

Zubereitung:

1. Puffreis, Haferflocken, Sonnenblumenkerne, Mandeln und Aprikosen in einer Schüssel vermengen.
2. Margarine, Honig und Zitronensaft in einem Topf 3–4 Minuten köcheln lassen.
3. Backpapier auf ein Backblech legen. Die gesamten Zutaten miteinander vermischen und auf dem Backblech verstreichen.
4. Die Masse eine Stunde lang im Kühlschrank fest werden lassen und danach mit einem scharfen Messer in Rechtecke schneiden.

10. Hefebrötchen

Zutaten für 12 Portionen:

- 500 g Weizenmehl, Type 550
- 20 g Backmalz
- 1 Pck. Trockenhefe
- 1 EL Agavendicksaft
- 1 TL Salz
- 300 ml lauwarmes Wasser
- 20 g Butter

Nährwertangaben pro Portion:

- Kalorien: 165 kcal
- Kohlenhydrate: 31 g
- Fett: 2 g
- Eiweiß: 4 g

Zubereitungszeit: 25 Minuten, Ruhezeit: 90 Minuten

Zubereitung:

1. Weizenmehl, Backmalz und die Trockenhefe miteinander vermengen.
2. Agavendicksaft und Salz hinzufügen.
3. Danach das lauwarme Wasser und die Butter dazugeben. Mit den Knethaken eines Handrührgeräts 5 Minuten lang vermischen.
4. Ein feuchtes Geschirrtuch über die Schüssel legen und den Teig an einem warmen Ort eine halbe Stunde lang ruhen lassen.
5. Ein Backblech mit Backpapier auslegen. Eine Arbeitsfläche leicht bemehlen und den Teig darauf nochmals kneten. Anschließend in 12 Portionen aufteilen und zu Kugeln formen.
6. Die Brötchen auf das Blech legen, die Oberseiten kreuzweise einschneiden. Mit einem Pinsel etwas Wasser auf den Brötchen verstreichen.
7. Den Ofen auf 220 °C vorheizen und die Brötchen weitere 30 Minuten gehen lassen.
8. Eine ofenfeste Schale mit Wasser füllen und in den Ofen stellen. Die Brötchen auf mittlerer Schiene 15 Minuten lang backen.

11. Brezeln

Zutaten für 16 Portionen:

- 500 g Weizenmehl, Type 550
- 300 ml Milch
- 1 TL Salz
- 1 Würfel Frischhefe
- 1 TL Zucker
- 40 g Margarine oder Butter
- Grobes Salz
- 1 l Wasser
- 3 EL Natron

Nährwertangaben pro Portion:

- Kalorien: 141 kcal
- Kohlenhydrate: 23 g
- Fett: 3 g
- Eiweiß: 3 g

Zubereitungszeit: 45 Minuten, Ruhezeit: 2 Stunden

Zubereitung:

1. Die Hefe mit ein wenig Milch und dem Zucker vermengen. Etwa 15 Minuten ruhen lassen.
2. Salz, Mehl, die übrige Milch und die Margarine/Butter mit der Hefe verkneten. Die Schüssel mit einem feuchten Geschirrtuch abdecken und für 30 Minuten an einen warmen Ort stellen.
3. Eine Arbeitsfläche bemehlen und den Teig darauflegen. Den Teig zu einer Rolle formen und in 16 Portionen teilen.
4. Jede Portion zu 30 cm Länge ausrollen und Brezen daraus formen. Die Brezen weitere 15 Minuten ruhen lassen.
5. Danach unabgedeckt für eine Stunde in den Kühlschrank stellen. Bevor die Brezen wieder aus dem Kühlschrank genommen werden, einen Liter Wasser zum Kochen bringen und 3 Esslöffel Natron darin lösen.
6. Die Brezen nacheinander für 30 Sekunden in das kochende Wasser legen, abtropfen lassen und salzen. Ein Backblech einfetten und die Brezen darauf etwa 18 Minuten lang bei 220 °C backen.

12. Scones

Zutaten für 12 Portionen:

- 500 g Mehl
- 1 Pck. Backpulver
- 40 g Zucker
- 1 Prise Salz
- 2 Eier
- 120 g weiche Butter
- 250 g Vollmilchjoghurt
- 1 Eigelb

Nährwertangaben pro Portion:

- Kalorien: 267 kcal
- Kohlenhydrate: 34g
- Fett: 10 g
- Eiweiß: 6g

Zubereitungszeit: 25 Minuten

Zubereitung:

1. Mehl, Backpulver, Zucker, Eier und Salz vermengen. Die Butter und den Joghurt ebenfalls untermischen.
2. Den Ofen auf 190 °C vorheizen und ein Backblech mit Backpapier belegen.
3. Eine Arbeitsfläche bemehlen und den Teig darauf ca. 2,5 cm hoch ausrollen. Kreise mit 7 cm Durchmesser daraus ausstechen und auf das Backblech legen.
4. Das Eigelb mit einem Esslöffel Wasser vermischen. Die Scones damit bestreichen und auf mittlerer Schiene 15 Minuten lang backen.

Salate

13. Rucola mit Feta

Zutaten für 2 Portionen:

- ½ rote Zwiebel
- 200 g Kirschtomaten
- ½ Bund Rucola
- ½ Zitrone
- ½ EL Honig
- 3 EL Olivenöl
- 1 EL Kapern
- 200 g Feta
- 1 Ei
- 1 ½ EL Mehl
- 30 g Semmelbrösel
- Salz und Pfeffer

Nährwertangaben pro Portion:

- Kalorien: 872 kcal
- Kohlenhydrate: 92 g
- Fett: 43 g
- Eiweiß: 23 g

Zubereitungszeit: 20 Minuten

Zubereitung:

1. Die Zwiebel schälen und in Ringe schneiden. Die Tomaten waschen und halbieren.
2. Die Zitrone auspressen und den Saft mit Honig, Salz, Pfeffer und einem Esslöffel Olivenöl mischen.
3. Das Ei mit etwas Pfeffer verrühren. Den Käse in Scheiben schneiden und anschließend nacheinander durch das Mehl, das Ei und die Semmelbrösel ziehen.
4. 2 Esslöffel Öl in einer Pfanne erhitzen. Den Feta darin goldbraun anbraten.
5. Den Salat mit dem Dressing anrichten und den Feta darauflegen.

14. Caesar Salad

Zutaten für 3 Portionen:

- 2 Römersalatherzen
- 3 Scheiben Weißbrot
- 1 Knoblauchzehe, gehackt
- 3 EL Rapsöl
- 2 TL Zitronensaft
- ½ TL scharfer Senf
- 3 EL Olivenöl
- ½ TL Honig
- 1 TL Mayonnaise
- 25 g Parmesan, gehobelt

Nährwertangaben pro Portion:

- Kalorien: 355 kcal
- Kohlenhydrate: 15 g
- Fett: 28 g
- Eiweiß: 8 g

Zubereitungszeit: 15 Minuten

Zubereitung:

1. Das Rapsöl in einer Pfanne erhitzen. Das Brot würfeln und in der Pfanne rösten. Wenn die Würfel knusprig sind, den Knoblauch hinzufügen und ebenfalls kurz anbraten.
2. Den Salat waschen und stückeln.
3. Zitronensaft, Senf, Olivenöl, Honig, Mayonnaise, Parmesan sowie etwas Salz und Pfeffer miteinander verrühren.
4. Das Dressing mit dem Salat vermengen. Zum Schluss die Croutons darüberstreuen.

15. Algensalat

Zutaten für 4 Portionen:

- 60 g getrockneter Seetang
- 3 EL Reisessig
- 3 EL Sesamöl
- 1 EL Ingwer, gerieben
- 1 EL Zucker
- 1 Knoblauchzehe, gepresst
- 2 EL Koriander, gehackt
- ½ EL Chilipulver
- 1 EL Sesamsamen

Nährwertangaben pro Portion:

- Kalorien: 152 kcal
- Kohlenhydrate: 11 g
- Fett: 8 g
- Eiweiß: 7 g

Zubereitungszeit: 10 Minuten, Ruhezeit: 1 Stunde

Zubereitung:

1. Den Seetang aufbrühen und 10 Minuten quellen lassen.
2. Alle Zutaten bis auf den Seetang und den Sesam in einer Schüssel zu einer Sauce verrühren.
3. Den Seetang abgießen und abtropfen lassen. Anschließend mit der Sauce vermischen und mit dem Sesam garnieren.
4. Vor dem Verzehr für ca. eine Stunde in den Kühlschrank stellen.

16. Krautsalat

Zutaten für 5 Portionen:

- 400 g Weißkohl
- 2 Karotten
- ½ Zwiebel, gehackt
- 30 g Zucker
- Salz und Pfeffer
- 30 ml Milch
- 60 g Mayonnaise
- 30 ml Buttermilch
- ½ EL Weißweinessig
- 1 ½ EL Zitronensaft
- ½ TL Paprikapulver
- ½ TL scharfer Senf

Nährwertangaben pro Portion:

- Kalorien: 168 kcal
- Kohlenhydrate: 15 g
- Fett: 10 g
- Eiweiß: 2 g

Zubereitungszeit: 20 Minuten, Ruhezeit: 2 Stunden

Zubereitung:

1. Kohl und Karotten waschen. Den Strunk aus dem Kohl entfernen und anschließend den Kohl sowie die Karotten fein hobeln.
2. Die weiteren Zutaten zu einer Sauce verrühren und mit dem gehobelten Gemüse vermengen.
3. In einem abgedeckten Behälter für mind. 2 Stunden in den Kühlschrank stellen.
4. Den Salat eine halbe Stunde vor dem Verzehr aus dem Kühlschrank nehmen und eventuell nochmals abschmecken.

17. Gemischter Salat mit Roter Bete

Zutaten für 5 Portionen:

- 250 g Feldsalat
- 2 Köpfe Chicorée
- 200 g gegarte Rote Bete
- 3 Orangen
- 40 g Walnusskerne
- 3 EL Apfelessig
- Salz und Pfeffer
- Zucker
- 3 EL Olivenöl
- 2 Stangen Frühlingszwiebeln

Nährwertangaben pro Portion:

- Kalorien: 195 kcal
- Kohlenhydrate: 12 g
- Fett: 13 g
- Eiweiß: 4 g

Zubereitungszeit: 15 Minuten

Zubereitung:

1. Die Salate und die Frühlingszwiebeln waschen. Chicorée und Zwiebeln fein schneiden.
2. Die Orangen schälen und in kleine Stücke schneiden. Rote Bete in dünne Scheiben schneiden.
3. Die Nusskerne hacken und in einer Pfanne ohne Fett rösten.
4. Essig, Öl, Salz, Pfeffer und Zucker zu einer Sauce verrühren und mit dem Salat und den Orangenstücken vermengen. Zuletzt mit den Walnusskernen garnieren.

18. Kichererbsen-Tofu-Salat

Zutaten für 2 Portionen:

- 1 Dose Kichererbsen
- 220 g Tofu
- 4 EL vegane Mayonnaise
- Schnittlauch
- 2 Essiggurken
- Pfeffer
- 1 Prise Kala Namak
- ½ TL Kurkumapulver

Nährwertangaben pro Portion:

- Kalorien: 399 kcal
- Kohlenhydrate: 20 g
- Fett: 27 g
- Eiweiß: 16 g

Zubereitungszeit: 15 Minuten

Zubereitung:

1. Die Kichererbsen abtropfen lassen und mit einer Gabel zerdrücken.
2. Den Tofu in kleine Würfel schneiden.
3. Den Schnittlauch waschen und fein schneiden, die Essiggurken klein würfeln.
4. Alle Zutaten in einer Schüssel vermischen und nach Geschmack mit weiterem Schnittlauch garnieren.

19. Rucola mit Erdbeeren

Zutaten für 2 Portionen:

- 170 g Rucola
- 30 g Basilikum
- 200 g Erdbeeren
- 35 g Pecorino, gehobelt
- 3 EL weißer Balsamico
- 35 g Honig
- 3 EL Olivenöl
- 3 EL Pinienkerne
- Salz und Pfeffer

Nährwertangaben pro Portion:

- Kalorien: 533 kcal
- Kohlenhydrate: 30 g
- Fett: 37 g
- Eiweiß: 15 g

Zubereitungszeit: 15 Minuten

Zubereitung:

1. Rucola und Basilikumblätter waschen und in Stücke zupfen. Die Erdbeeren waschen und in Viertel schneiden.
2. Pinienkerne ohne Fett in einer Pfanne goldbraun anrösten.
3. Essig, Honig, Öl, Salz und Pfeffer verrühren und auf dem Salat verteilen.
4. Mit dem Pecorino und den Pinienkernen garnieren.

20. Bulgursalat

Zutaten für 4 Portionen:

- 200 g Bulgur
- 650 ml Gemüsebrühe
- 1 Bund Petersilie, gehackt
- 1 Bund Pfefferminze, gehackt
- 1 Knoblauchzehe, gehackt
- 75 ml Zitronensaft
- 75 ml Olivenöl
- 3 Tomaten
- ½ Bund Frühlingszwiebeln
- ½ Salatgurke
- 1 Paprika
- Salz und Pfeffer

Nährwertangaben pro Portion:

- Kalorien: 393 kcal
- Kohlenhydrate: 47 g
- Fett: 18 g
- Eiweiß: 8 g

Zubereitungszeit: 25 Minuten, Ruhezeit: 1 Stunde

Zubereitung:

1. Den Bulgur abbrausen und mit der Brühe in einem Topf bei geringer Hitze 7 Minuten garen, anschließend abtropfen lassen.
2. Zitronensaft, Öl und Knoblauch mischen. Das Dressing mit dem Bulgur und den Kräutern vermengen und den Salat eine Stunde ruhen lassen.
3. Tomaten, Frühlingszwiebeln, Gurke und Paprika waschen und fein stückeln. Das Gemüse zu dem Bulgur hinzufügen und die Mischung mit Salz und Pfeffer würzen.

21. Grünkohlsalat

Zutaten für 5 Portionen:

- 300 g Süßkartoffel
- ½ TL Knoblauchpulver
- 2 TL Paprikapulver
- Olivenöl
- 65 g Kürbiskerne
- 2 TL Chilipulver
- 2 TL Ahornsirup
- 110 g Tahin
- 1 ½ EL Zitronensaft
- 3 EL Wasser
- 350 g Grünkohl
- 450 g Quinoa
- 75 g rote Zwiebel, gehackt

Nährwertangaben pro Portion:

- Kalorien: 737 kcal
- Kohlenhydrate: 80 g
- Fett: 32 g
- Eiweiß: 25 g

Zubereitungszeit: 20 Minuten

Zubereitung:

1. Den Ofen auf 190 °C vorheizen und ein Backblech mit Backpapier auslegen.
2. Die Süßkartoffel schälen, würfeln und mit Knoblauchpulver, Paprikapulver, Salz, Pfeffer und etwas Olivenöl mischen. Auf dem Blech verteilen und zunächst 15 Minuten backen.
3. Die Kürbiskerne mit Chilipulver, einem Esslöffel Ahornsirup und etwas Salz mischen. Neben den Süßkartoffeln 10 Minuten rösten, dabei einmal wenden.
4. Tahin, einen Esslöffel Ahornsirup, Zitronensaft, Wasser, Salz und Pfeffer miteinander verrühren.
5. Den Kohl stückeln und mit Olivenöl vermengen. Anschließend mit Quinoa, Süßkartoffel und der Zwiebel vermischen. Mit den Kürbiskernen und dem Dressing anrichten.

22. Spargelsalat

Zutaten für 2 Portionen:

- 200 g grüner Spargel
- 120 g Kirschtomaten
- 100 g Babyspinat
- 2 EL Sesamsamen
- 1 EL Sesamöl
- 1 EL Sojasauce
- 1 EL Zitronensaft
- 1 EL Yaconsirup
- 1 EL Edelhefeflocken
- Salz und Pfeffer

Nährwertangaben pro Portion:

- Kalorien: 311 kcal
- Kohlenhydrate: 46 g
- Fett: 37 g
- Eiweiß: 10 g

Zubereitungszeit: 20 Minuten

Zubereitung:

1. Den unteren Teil des Spargels schälen und die Stiele in mundgerechte Stücke schneiden. Anschließend in gesalzenem Wasser 3 Minuten kochen und danach abtropfen lassen.
2. Spinat und Tomaten waschen, die Tomaten halbieren.
3. Den Sesam in einer Pfanne ohne Fett kurz rösten.
4. Sesamöl, Sojasauce, Zitronensaft, Sirup sowie die Hefeflocken mischen und mit Salz und Pfeffer würzen.
5. Spargel, Tomaten und Spinat mit dem Dressing vermengen und mit dem Sesam garnieren.

23. Linsensalat

Zutaten für 4 Portionen:

- 300 g Naturtofu
- 100 g Belugalinsen
- 1 Mango, gewürfelt
- 1 Zwiebel, gehackt
- 1 Bund Koriander, fein gehackt
- 4 EL Sesamöl
- 1 TL Ajvar
- 4 EL Orangensaft
- 4 EL Zitronensaft
- 3 EL Sojasauce
- 1 EL Ahornsirup
- 2 EL Erdnussmus
- Salz und Pfeffer

Nährwertangaben pro Portion:

- Kalorien: 338 kcal
- Kohlenhydrate: 24 g
- Fett: 18 g
- Eiweiß: 16 g

Zubereitungszeit: 30 Minuten, Ruhezeit: 3 Stunden

Zubereitung:

1. Ajvar, Orangensaft, Zitronensaft, Sojasauce, Ahornsirup und Erdnussmus verrühren.
2. Den Tofu entwässern und in Scheiben schneiden. Die Scheiben anschließend in der Hälft der Sauce für 3 Stunden oder länger marinieren.
3. Die Linsen abbrausen und 40 Minuten in einem abgedeckten Topf kochen, danach abgießen.
4. Die andere Hälfte der Marinade, 2 Esslöffel Sesamöl, Linsen, Zwiebel, Mango und den Koriander vermengen. Mit Salz und Pfeffer abschmecken.
5. Zwei Esslöffel Sesamöl in einer Pfanne erhitzen und den marinierten Tofu darin anbraten, bis er außen knusprig ist. Den Salat zusammen mit dem Tofu anrichten.

Suppen

24. „Hühner"suppe

Zutaten für 4 Portionen:

- 1 EL Bratöl
- 2 Zwiebeln, gehackt
- 4 Karotten
- 250 g Muschelnudeln
- 1 kleiner Brokkoli
- 100 g Sojawürfel
- 2 EL Gemüsebrühepulver
- 2 TL Kurkumapulver
- ½ TL Chilipulver
- 1 Lorbeerblatt
- Salz und Pfeffer

Nährwertangaben pro Portion:

- Kalorien: 298 kcal
- Kohlenhydrate: 47g
- Fett: 6 g
- Eiweiß: 12 g

Zubereitungszeit: 25 Minuten

Zubereitung:

1. Die Sojawürfel mit kochendem Wasser oder Brühe übergießen, sodass sie bedeckt sind und 10 Minuten quellen lassen. Sie sollten noch etwas bissfest sein.
2. Die Karotten waschen und in dünne Scheiben schneiden, den Brokkoli zerteilen und waschen.
3. Zwiebeln in einem großen Topf mit Öl glasig anbraten. Die Karotten ebenfalls eine Minute anbraten, dann mit etwa 1,5 Litern Wasser ablöschen. Im Anschluss die Nudeln hinzufügen.
4. Das Brühepulver sowie die Gewürze hinzufügen und umrühren. Bei geringer Hitze köcheln lassen.
5. 2–3 Minuten bevor die Nudeln gar sind, den Brokkoli und die Sojawürfel hinzugeben. Zuletzt noch einmal mit Salz und Pfeffer würzen.

25. Karottensuppe mit Ingwer

Zutaten für 5 Portionen:

- 20 g Butter
- 1 Zwiebel, gehackt
- 750 g Karotten, gewürfelt
- 500 g Äpfel, gehackt
- 1 TL Ingwer, gerieben
- 1 l Gemüsebrühe
- 1 EL Zitronensaft
- Salz und Pfeffer
- 4 EL Sahne

Nährwertangaben pro Portion:

- Kalorien: 188 kcal
- Kohlenhydrate: 27 g
- Fett: 7 g
- Eiweiß: 2 g

Zubereitungszeit: 30 Minuten

Zubereitung:

1. Die Butter in einem Topf erhitzen und die Zwiebel darin glasig anbraten. Anschließend Ingwer, Karottenwürfel, Apfelstücke und eine Prise Salz hinzufügen.
2. Zugedeckt unter gelegentlichem Rühren 10 Minuten garen lassen.
3. Mit der Brühe ablöschen und die Suppe zum Kochen bringen. Danach 15 Minuten köcheln lassen.
4. Die Suppe pürieren und mit Zitronensaft, Salz und Pfeffer abschmecken. Zuletzt mit etwas Sahne garnieren.

26. Bunte Suppe

Zutaten für 6 Portionen:

- 350 g Lauch, in Ringen
- 500 g Karotten, gewürfelt
- 1 Zwiebel, gehackt
- 350 g Kartoffeln, gewürfelt
- 50 g Butter
- 2 EL Doppelrahm
- Salz und Pfeffer
- 6 Zweige Pfefferminze

Nährwertangaben pro Portion:

- Kalorien: 188 kcal
- Kohlenhydrate: 19 g
- Fett: 10 g
- Eiweiß: 4 g

Zubereitungszeit: 25 Minuten

Zubereitung:

1. Den Lauch und die Karotten jeweils in einen Topf geben.
2. Zwiebeln und Kartoffeln auf beide Töpfe verteilen und je 625 ml Wasser zugießen. Anschließend köcheln lassen, bis das Gemüse weich ist.
3. Die beiden Suppen separat pürieren und jeweils 25 g Butter hinzufügen.
4. Den Doppelrahm in die Lauchsuppe einrühren.
5. Die Suppen mit Salz und Pfeffer abschmecken, in zwei Krüge füllen und abkühlen lassen.
6. Zum Servieren beide Suppen parallel in den Suppenteller gießen und zuletzt mit der Minze garnieren.

27. Zwiebelsuppe

Zutaten für 2 Portionen:

- 400 g Zwiebeln
- 200 g Räuchertofu
- 2 EL Öl
- 1 Knoblauchzehe, gepresst
- 500 ml Gemüsebrühe
- ½ Bund Schnittlauch
- 50 g Emmentaler, gerieben
- Kümmel
- Salz und Pfeffer

Nährwertangaben pro Portion:

- Kalorien: 375 kcal
- Kohlenhydrate: 13g
- Fett: 24 g
- Eiweiß: 26 g

Zubereitungszeit: 35 Minuten

Zubereitung:

1. Die Zwiebeln schälen, halbieren und in dünne Scheiben schneiden. Den Tofu in Würfel schneiden.
2. Das Öl in einem Topf erhitzen, die Zwiebeln und den Knoblauch darin leicht anbräunen. Salz, Pfeffer und Kümmel hinzufügen.
3. Den Tofu in den Topf geben und ebenfalls kurz anbraten. Danach mit der Brühe ablöschen und die Suppe 15 Minuten köcheln lassen.
4. Den Ofen auf 225 °C vorheizen. Den Schnittlauch waschen und fein schneiden.
5. Die Suppe eventuell nachwürzen und in ofenfeste Gefäße füllen. Mit dem Käse bestreuen und 5–10 Minuten in den Ofen stellen. Danach mit Schnittlauch garnieren.

28. Gazpacho

Zutaten für 4 Portionen:

- 400 g rote und gelbe Paprika
- 500 g Salatgurke
- 400 g Tomaten
- 70 g Zwiebel, gehackt
- 1 Knoblauchzehe, gehackt
- 4 Scheiben Vollkorntoastbrot
- 500 ml Tomatensaft
- 50 ml Olivenöl
- Saft einer Zitrone
- 1 EL Paprikapulver
- ½ TL Honig
- Oregano
- Salz und Pfeffer

Nährwertangaben pro Portion:

- Kalorien: 290 kcal
- Kohlenhydrate: 30g
- Fett: 15 g
- Eiweiß: 7 g

Zubereitungszeit: 30 Minuten, Ruhezeit: 1 Stunde

Zubereitung:

1. Die Paprika waschen und entkernen. Die Gurke schälen und ebenfalls entkernen. Jeweils ein Viertel der Paprika und der Gurke in kleine Würfel schneiden, den übrigen Teil grob schneiden.
2. Die Tomaten kurz in kochendes Wasser geben, danach abschrecken. Anschließend häuten und entkernen.
3. Die Rinde vom Brot entfernen und die Brotscheiben in 4 Esslöffel lauwarmen Wasser einweichen.
4. Alle Zutaten bis auf die Gewürze und die kleinen Gemüsestücke pürieren. Eine Stunde oder länger in den Kühlschrank stellen.
5. Die Suppe mit Paprikapulver, Honig, Salz und Pfeffer würzen. Mit den fein geschnittenen Gemüsestücken und Oregano garnieren.

29. Bohnensuppe

Zutaten für 6 Portionen:

- 1 Zwiebel, gehackt
- 2 Knoblauchzehen, gehackt
- 1 ½ rote Paprika
- 1 ½ gelbe Paprika
- 375 g weiße Riesenbohnen
- 3 EL Olivenöl
- 1 ½ TL Zucker
- 4 ½ EL Tomatenmark
- 1 Dose gestückelte Tomaten
- 180 ml Rotwein
- 1 l Gemüsebrühe
- ½ Bund Petersilie, gehackt
- 225 g saure Sahne
- Chiliflocken
- Salz und Pfeffer

Nährwertangaben pro Portion:

- Kalorien: 232 kcal
- Kohlenhydrate: 22 g
- Fett: 10 g
- Eiweiß: 6 g

Zubereitungszeit: 25 Minuten

Zubereitung:

1. Die Paprika waschen, entkernen und in Würfel schneiden. Die Bohnen abtropfen lassen.
2. Zwiebel und Knoblauch in einem Topf mit Olivenöl leicht anbraten und mit dem Zucker karamellisieren lassen.
3. Tomatenmark, Tomaten und Paprika dazugeben. Anschließend mit dem Rotwein ablöschen.
4. Die Brühe hinzufügen und die Suppe 20 Minuten köcheln lassen. Nach 18 Minuten die Bohnen hinzufügen.
5. Mit Chiliflocken, Salz und Pfeffer abschmecken und mit Petersilie und saurer Sahne garnieren.

30. Ramen

Zutaten für 3 Portionen:

- 750 ml Gemüsebrühe
- 450 ml Wasser
- 1 ½ Köpfe Pak Choi
- 75 g Enokipilze
- 3 Eier
- 600 g Ramennudeln
- 3 TL helle Misopaste
- 3 TL Tahin
- 1 ½ TL Sesamsamen
- Chiliöl
- 2 Stangen Frühlingszwiebeln, in Ringen

Nährwertangaben pro Portion:

- Kalorien: 785 kcal
- Kohlenhydrate: 110 g
- Fett: 24 g
- Eiweiß: 20 g

Zubereitungszeit: 25 Minuten

Zubereitung:

1. Die Gemüsebrühe und das Wasser in einem Topf aufkochen.
2. Die Eier in einem zweiten Topf 7 Minuten kochen.
3. Den Pak Choi waschen, die Blätter längs halbieren und dann in der Brühe 3 Minuten garen. Den Kohl anschließend beiseitestellen.
4. Die Wurzeln der Pilze entfernen und die Pilze in Stücke schneiden. Die Pilze 2 Minuten in der Brühe garen, danach ebenfalls beiseitestellen.
5. Die Nudeln nach Packungsanweisung in der Brühe garen.
6. Misopaste und Tahin auf drei Suppenschüsseln aufteilen und mit etwas Brühe vermengen. Die restliche Brühe, Nudeln, Pak Choi sowie die Pilze dazugeben. Die Eier schälen, in Hälften schneiden und auf die Nudeln legen.
7. Die Suppe mit Sesam, Chiliöl und Frühlingszwiebeln anrichten.

31. Erdnusssuppe

Zutaten für 4 Portionen:

- 1 EL Öl
- 3 Schalotten, gehackt
- 2 Knoblauchzehen, gehackt
- 8 g Ingwer
- 600 g Süßkartoffeln
- 800 ml Wasser
- 500 g passierte Tomaten
- 5 EL Erdnussbutter
- Paprikapulver
- Chilipulver
- Koriandergrün, gehackt
- Salz und Pfeffer
- 40 g Erdnüsse, gehackt

Nährwertangaben pro Portion:

- Kalorien: 368 kcal
- Kohlenhydrate: 45 g
- Fett: 14 g
- Eiweiß: 3 g

Zubereitungszeit: 50 Minuten

Zubereitung:

1. Das Öl in einem Topf erhitzen und die Schalotten mit dem Knoblauch leicht darin anbraten.
2. Zwischenzeitlich die Süßkartoffeln schälen, würfeln und anschließend in den Topf geben. Die Süßkartoffel in gesalzenem Wasser so lange köcheln lassen, bis sie weich ist.
3. Tomaten, Erdnussbutter sowie die Gewürze einrühren. Weitere 10 Minuten köcheln lassen. Die Suppe anschließend pürieren.
4. Die Suppe mit dem Koriandergrün und den Erdnüssen servieren.

32. Mairübchensuppe

Zutaten für 4 Portionen:

- 1 Bund Mairübchen, mit Blattgrün
- 1 Bio-Zitrone
- 3 EL Mehl
- 2 EL Butter
- 1 Schalotte, gehackt
- 1 Knoblauchzehe, gehackt
- 400 ml Gemüsebrühe
- 200 ml Weißwein
- 4 Scheiben Weißbrot
- 100 g Bergkäse, gerieben
- Salz und Pfeffer

Nährwertangaben pro Portion:

- Kalorien: 275,3 kcal
- Kohlenhydrate: 27 g
- Fett: 12 g
- Eiweiß: 11 g

Zubereitungszeit: 30 Minuten

Zubereitung:

1. Die Mairübchen waschen, einen kleinen Teil des Blattgrüns für später beiseitelegen, den Großteil davon fein hacken. Die Rübchen in kleine Würfel schneiden.
2. Die Zitrone heiß abwaschen und einen Teil der Schale abreiben.
3. Backofen auf 180 °C vorheizen.
4. Die Butter in einem Topf schmelzen und die Schalotte sowie den Knoblauch darin leicht anbraten. Das Mehl hinzufügen und durchgehend umrühren, bis die Schwitze leicht angebräunt ist. Danach mit etwas Brühe aufgießen und mit dem Schneebesen verrühren.
5. Die restliche Brühe sowie Weißwein, Zitronenschale und Mairübchen hinzufügen. Die Suppe 10 Minuten köcheln lassen.
6. Währenddessen den Käse über die Brotscheiben streuen und das Brot im Ofen überbacken.
7. Die Suppe mit Salz, Pfeffer und etwas Zitronensaft würzen und das gehackte Grün hinzufügen. Nochmals aufkochen lassen und die Suppe pürieren.
8. Die Suppe mit Brot und dem übrigen Blattgrün anrichten.

33. Grießnockerlsuppe

Zutaten für 4 Portionen:

- 60 g weiche Butter
- 130 g Hartweizengrieß
- 2 Eier
- Muskatnuss, gerieben
- 1 TL Majoran
- Schnittlauch
- 2 l Gemüsebrühe
- Salz und Pfeffer

Nährwertangaben pro Portion:

- Kalorien: 266,2 kcal
- Kohlenhydrate: 23 g
- Fett: 15 g
- Eiweiß: 6 g

Zubereitungszeit: 30 Minuten

Zubereitung:

1. Butter und Eier vermengen. Den Grieß hinzufügen und zu einem Teig verarbeiten. Mit Salz, Pfeffer, Muskat und Majoran würzen. Den Teig 15 Minuten ruhen lassen.

2. Währenddessen die Brühe zum Kochen bringen. Mithilfe eines Teelöffels Nocken aus dem Teig formen. Die Klößchen anschließend bei geringer Hitze 20–25 Minuten lang in der Brühe garen.

3. Den Schnittlauch waschen, in Röllchen schneiden und über die Nocken streuen.

34. Maronensuppe

Zutaten für 4 Portionen:

- 3 Schalotten, gehackt
- 100 g Butter
- 400 g Maronen, gekocht
- 750 ml Gemüsebrühe
- 350 ml Sahne
- 125 ml Milch
- Zimtpulver
- Salz und Pfeffer

Nährwertangaben pro Portion:

- Kalorien: 622 kcal
- Kohlenhydrate: 41 g
- Fett: 46 g
- Eiweiß: 5 g

Zubereitungszeit: 30 Minuten

Zubereitung:

1. Maronen in grobe Würfel schneiden.
2. Die Butter in einem Topf schmelzen und die Schalotten darin glasig anbraten. Maronen hinzufügen und mit der Brühe ablöschen.
3. Bei geringer Hitze 30 Minuten lang köcheln lassen.
4. Anschließend Sahne und Milch hinzufügen und die Suppe nochmals für 5 Minuten köcheln lassen.
5. Fein pürieren und die Gewürze unterrühren.

35. Scharfe Rote-Bete-Suppe

Zutaten für 4 Portionen:

- 3 Schalotten
- 15 g Ingwer
- 300 g Rote Bete
- 1 EL Rapsöl
- 2 TL Zucker
- 800 ml Gemüsebrühe
- 30 g Butter
- Saft einer halben Zitrone
- 1 TL Wasabipaste
- 75 g Crème fraîche
- 2 EL Schnittlauch
- Salz und Pfeffer

Nährwertangaben pro Portion:

- Kalorien: 186 kcal
- Kohlenhydrate: 10 g
- Fett: 14 g
- Eiweiß: 2 g

Zubereitungszeit: 30 Minuten

Zubereitung:

1. Schalotten, Ingwer und die Bete schälen und fein würfeln. Alles in einem Topf in heißem Öl für etwa 2 Minuten anbraten.
2. Anschließend den Zucker hinzufügen, sodass das Gemüse leicht karamellisiert.
3. Mit der Brühe ablöschen und zugedeckt auf mittlerer Stufe 20 Minuten lang garen.
4. Die Butter einrühren und die Suppe pürieren.
5. Mit Salz, Pfeffer und Zitronensaft würzen. Zuletzt Wasabipaste und Crème fraîche als Häubchen auf die Suppe setzen und mit dem Schnittlauch garnieren.

36. Senfsuppe

Zutaten für 4 Portionen:

- 1 Stange Lauch
- 2 EL Butter
- 2 EL Mehl
- 1 l Gemüsebrühe
- 250 g Crème fraîche
- 2 EL extra scharfer Senf
- 1 EL mittelscharfer Senf
- 1 EL bayerisch-süßer Senf
- 2 TL Zucker
- Petersilie
- Salz und Pfeffer

Nährwertangaben pro Portion:

- Kalorien: 277 kcal
- Kohlenhydrate: 10g
- Fett: 23 g
- Eiweiß: 3 g

Zubereitungszeit: 35 Minuten

Zubereitung:

1. Den Lauch waschen und stückeln. Butter in einem Topf erhitzen und den Lauch darin glasig anbraten.
2. Anschließend das Mehl dazu geben und verrühren. Danach mit der Brühe ablöschen, zum Kochen bringen und 10 Minuten lang köcheln lassen.
3. Crème fraîche und Senf untermischen und die Suppe mit Salz und Zucker ergänzen. Zuletzt mit einigen Zweigen Petersilie garnieren.

37. Grüne Suppe

Zutaten für 3 Portionen:

- 5 EL Joghurt
- ¼ Bund Pfefferminze
- 1 TL Rapsöl
- ½ Bund Frühlingszwiebeln
- 1 Salatgurke
- 1 Kopf Eisbergsalat
- 225 g TK-Erbsen
- 1,4 l Gemüsebrühe
- Salz und Pfeffer

Nährwertangaben pro Portion:

- Kalorien: 127 kcal
- Kohlenhydrate: 15 g
- Fett: 8 g
- Eiweiß: 3 g

Zubereitungszeit: 20 Minuten

Zubereitung:

1. Frühlingszwiebeln, Gurke und den Salat waschen und in größere Stücke schneiden.
2. Die Minze waschen, fein hacken und in den Joghurt einrühren.
3. Das Öl in einer großen Pfanne erhitzen und die Frühlingszwiebeln darin glasig andünsten. Danach Gurke, Salat und Erbsen hinzufügen und das Gemüse mit der Brühe aufgießen.
4. Zugedeckt 10 Minuten köcheln lassen.
5. Die Suppe pürieren und mit Salz und Pfeffer würzen. Heiß oder kalt servieren und mit dem Minzjoghurt garnieren.

38. Mandelsuppe

Zutaten für 2 Portionen:

- 200 g blanchierte Mandeln
- 50 ml natives Olivenöl extra
- 1 Knoblauchzehe
- 1 ½ EL Rotweinessig
- Salz und Pfeffer

Nährwertangaben pro Portion:

- Kalorien: 870 kcal
- Kohlenhydrate: 11 g
- Fett: 79 g
- Eiweiß: 21 g

Zubereitungszeit: 10 Minuten, Ruhezeit: 1 Stunde

Zubereitung:

1. Die gesamten Zutaten mit 350 ml Wasser pürieren.
2. Die Suppe für etwa eine Stunde kaltstellen und vor dem Servieren eventuell mit weiterem Olivenöl beträufeln.

39. Tomatensuppe mit Reis

Zutaten für 3 Portionen:

- 750 g passierte Tomaten
- 60 g Lauch
- 60 g Karotten
- 60 g Petersilienwurzeln
- 60 g Knollensellerie
- 60 g Zwiebel
- 1 Knoblauchzehe
- 1 EL Olivenöl
- 1 EL Tomatenmark
- 90 ml Gemüsebrühe
- 1 Prise Zucker
- 40 g Langkornreis
- 2 Zweige Petersilie, fein gehackt
- 1 Zweig Thymian
- Salz und Pfeffer

Nährwertangaben pro Portion:

- Kalorien: 201 kcal
- Kohlenhydrate: 30 g
- Fett: 6 g
- Eiweiß: 5 g

Zubereitungszeit: 40 Minuten

Zubereitung:

1. Den Reis nach Packungsanweisung garen und danach beiseitestellen.
2. Den Lauch waschen, das weitere Gemüse sowie die Zwiebel und den Knoblauch schälen und alles in kleine Würfel schneiden.
3. Das Olivenöl in einem Topf erhitzen und zunächst Lauch, Knoblauch und die Zwiebel leicht andünsten. Anschließend das Gemüse und das Tomatenmark hinzufügen.
4. Tomaten, Brühe, Salz, Pfeffer und Zucker dazugeben. Den Thymianzweig hineinlegen und die Suppe auf mittlerer Stufe 20 Minuten köcheln lassen. Den Thymianzweig wieder herausnehmen, sobald er Geschmack abgegeben hat.
5. Die Suppe zusammen mit dem Reis servieren und mit Petersilie garnieren.

40. Knoblauchsuppe

Zutaten für 4 Portionen:

- 1 Zwiebel, fein gehackt
- 6 Knoblauchzehen, fein gehackt
- 4 EL Butter
- 3 EL Mehl
- 500 ml Milch
- 600 ml Gemüsebrühe
- 1 TL Salz
- 1 Prise Pfeffer
- 1 Prise Muskatnuss
- 150 ml Schlagsahne
- 1 Bund Petersilie, fein gehackt
- 3 Scheiben Toastbrot

Nährwertangaben pro Portion:

- Kalorien: 495 kcal
- Kohlenhydrate: 51 g
- Fett: 28 g
- Eiweiß: 9 g

Zubereitungszeit: 20 Minuten

Zubereitung:

1. Den Backofen auf 200 °C vorheizen.
2. Zwei Esslöffel Butter in einem Topf erhitzen und die Zwiebel darin leicht anbraten. Das Mehl und danach die Milch hinzufügen, währenddessen durchgehend mit einem Schneebesen rühren.
3. Die Gemüsebrühe hinzufügen und die Suppe 10 Minuten köcheln lassen.
4. Während die Suppe kocht, 2 Esslöffel Butter mit einem Teil des Knoblauchs vermengen und auf den Brotscheiben verteilen. Das Brot danach würfeln und im Ofen backen, bis es goldbraun ist.
5. Den übrigen Knoblauch sowie Salz, Pfeffer und Muskatnuss zur Suppe hinzufügen und weitere 10 Minuten köcheln lassen. Sahne hinzugeben und kurz aufkochen lassen.
6. Abschließend mit den Croutons und der Petersilie garnieren.

41. Spargelsuppe

Zutaten für 4 Portionen:

- 650 g weißer Spargel
- 1 l Gemüsebrühe
- 150 ml Milch
- 1 Schalotte, fein gehackt
- 1 EL Zucker
- 4 EL Butter
- 4 EL Traubenkernöl
- 200 ml Weißwein
- 2 EL Zitronensaft
- Salz und Pfeffer
- 4 kleine Brotlaibe

Nährwertangaben pro Portion:

- Kalorien: 873 kcal
- Kohlenhydrate: 129 g
- Fett: 23 g
- Eiweiß: 22 g

Zubereitungszeit: 90 Minuten

Zubereitung:

1. Den Spargel schälen. Die Schalen abwaschen und beiseitelegen. Die Köpfe abschneiden, die faserigen Enden entfernen und die Stangen grob stückeln.
2. Die Brühe aufkochen und die Schalen hinzufügen. 20 Minuten köcheln lassen, dann die Hitze reduzieren und die Schalen weitere 40 Minuten ziehen lassen.
3. Die obere Brotkruste abschneiden und das Innere der Brote entfernen. Die Kruste würfeln, das Innere zerbröseln.
4. Jeweils 2 Esslöffel der Butter und des Öls in einem weiteren Topf erhitzen. Die Schalotte sowie das Brotinnere darin anbräunen. Zucker hinzufügen und karamellisieren lassen, danach den Wein hinzugeben.
5. Spargelbrühe und -stangen hinzufügen und 20 Minuten köcheln. Danach die Milch hinzugeben und die Suppe pürieren. Mit Pfeffer, Salz und Zitronensaft abrunden.
6. Je 2 Esslöffel Butter und Öl in einer Pfanne erhitzen und die Spargelköpfe und Brotrindenwürfel darin goldbraun anbraten.
7. Die Suppe in die Brotlaibe füllen und mit Spargelköpfen und Croutons garnieren.

42. Brokkolisuppe

Zutaten für 4 Portionen:

- 1 Knoblauchzehe
- ½ Bund Frühlingszwiebeln
- 600 g Brokkoli
- 1 Bund Basilikum
- ½ Bund Schnittlauch
- 1 EL Olivenöl
- 1 l Gemüsebrühe
- 50 g Sahne
- Salz und Pfeffer

Nährwertangaben pro Portion:

- Kalorien: 118 kcal
- Kohlenhydrate: 6g
- Fett: 7 g
- Eiweiß: 6 g

Zubereitungszeit: 25 Minuten

Zubereitung:

1. Frühlingszwiebeln, Basilikum und Schnittlauch waschen. Alles fein hacken. Den Brokkoli zerteilen und ebenfalls waschen.
2. Das Olivenöl in einem Topf erhitzen und zunächst die Frühlingszwiebeln glasig anbraten, danach Knoblauch, Brokkoli und einen Teil des Basilikums hinzufügen.
3. Mit der Brühe ablöschen, zum Kochen bringen und 20 Minuten köcheln lassen.
4. Die Suppe pürieren, die Sahne dazugeben und die Suppe mit Salz und Pfeffer würzen. Zuletzt mit dem restlichen Basilikum und Schnittlauch garnieren.

43. Maissuppe

Zutaten für 4 Portionen:

- 1 ½ Dosen Mais
- 1 EL Rapsöl
- 1 Zwiebel
- 1 Knoblauchzehe
- 2 Karotten
- 500 ml Gemüsebrühe
- 2 EL Balsamessig
- 4 EL Milch
- Salz und Pfeffer
- Kurkumapulver
- Currypulver
- 1 Stück Ingwer
- 1 Chilischote

Nährwertangaben pro Portion:

- Kalorien: 158 kcal
- Kohlenhydrate: 20 g
- Fett: 5 g
- Eiweiß: 5 g

Zubereitungszeit: 20 Minuten

Zubereitung:

1. Zwiebel, Knoblauch, Karotten und Ingwer schälen und fein würfeln.
2. Das Öl in einem Topf erhitzen und die Zwiebel und den Knoblauch darin anbraten. Anschließend Mais und Ingwer dazugeben. Mit Brühe und Milch aufgießen. Danach die Karotte hinzufügen und die Suppe köcheln lassen, bis die Karotte noch etwas bissfest ist.
3. Die Suppe pürieren und mit Currypulver, Kurkumapulver, Essig, Salz und Pfeffer würzen.
4. Die Chilischote fein hacken und als Garnitur über die Suppe streuen.

44. Kohlrabisuppe

Zutaten für 4 Portionen:

- 2 Zwiebeln
- 2 Kohlrabiköpfe
- 800 g Kartoffeln
- 2 EL Olivenöl
- 1 l Gemüsebrühe
- 200 ml Sahne
- 2 TL Kräuter nach Wahl
- 1 Bund Petersilie, gehackt
- 1 Prise Muskatnuss
- Salz und Pfeffer

Nährwertangaben pro Portion:

- Kalorien: 399 kcal
- Kohlenhydrate: 43 g
- Fett: 20 g
- Eiweiß: 7 g

Zubereitungszeit: 20 Minuten

Zubereitung:

1. Zwiebeln schälen und fein hacken; Kohlrabiköpfe und Kartoffeln schälen und würfeln.
2. Das Öl in einem Topf erhitzen und die Zwiebeln darin glasig anbraten. Kohlrabi und Kartoffeln hinzufügen und kurz anbraten. Mit der Brühe ablöschen und 20 Minuten lang köcheln lassen.
3. Einen Teil des Gemüses als stückige Einlage behalten. Die übrige Brühe pürieren. Sahne und Kräuter unterrühren und anschließend das Gemüse wieder zur Suppe hinzufügen.
4. Die Suppe mit Muskatnuss, Salz und Pfeffer würzen und die Petersilie darüber streuen.

Vorspeisen und Snacks

45. Focaccia

Zutaten für 8 Portionen:

- 200 ml lauwarmes Wasser
- 120 ml Olivenöl
- 2 EL Ahornsirup
- 2 TL Meersalz
- 25 g Frischhefe
- 400 g Weizenmehl
- 2 Kartoffeln
- 200 g Ziegenkäse
- 8 Zweige Rosmarin

Nährwertangaben pro Portion:

- Kalorien: 414 kcal
- Kohlenhydrate: 42 g
- Fett: 21 g
- Eiweiß: 9 g

Zubereitungszeit: 20 Minuten, Ruhezeit: 75 Minuten

Zubereitung:

1. Das Wasser mit 80 ml Olivenöl, Ahornsirup und Meersalz in einer Rührschüssel vermengen. Danach die Hefe zerbröseln und unterrühren. Das Mehl hinzufügen und mit einem Handrührgerät untermischen.
2. Die Schüssel mit einem feuchten Geschirrtuch abdecken und den Teig 45 Minuten ruhen lassen.
3. Den Teig in acht Portionen teilen und erneut kneten. Die Portionen zu Kugeln formen. Ein Backblech mit Backpapier auslegen, 15 ml Öl darauf verstreichen und das Meersalz darauf verteilen.
4. Die Laibe auf das Blech legen und etwas abflachen. Danach abdecken und weitere 30 Minuten ruhen lassen.
5. Die Kartoffeln mit einem Schäler in feine Scheiben schneiden. Kartoffeln, Käse und Rosmarin über die Laibe legen. Das übrige Olivenöl darauf verteilen.
6. Zwölf Minuten lang bei 220 °C backen.

46. Gemüsespieße

Zutaten für 3 Portionen:

- 1 Zucchini
- 10 Champignons
- 1 rote Paprika
- 1 gelbe Paprika
- 2 rote Zwiebeln
- 2 EL Sojasauce
- 2 EL Sesamöl
- ½ TL Chiliflocken
- 1 EL Ingwer, gerieben
- 1 Knoblauchzehe, gepresst
- 1 EL Zitronensaft
- 1 EL Zucker
- 1 EL Tomatenmark
- Schaschlikspieße

Nährwertangaben pro Portion:

- Kalorien: 191 kcal
- Kohlenhydrate: 17 g
- Fett: 10 g
- Eiweiß: 5 g

Zubereitungszeit: 25 Minuten

Zubereitung:

1. Zucchini und Paprika waschen. Die Zucchini in Scheiben schneiden, die Paprika stückeln. Die Champignons putzen, die Zwiebeln schälen und vierteln.
2. Den Backofen in der Grillfunktion auf 200 °C vorheizen und einen Backrost mit Backpapier auslegen.
3. Die übrigen Zutaten miteinander vermengen. Die Gemüsestücke auf Schaschlikspieße aufreihen und für einige Minuten in der Sauce marinieren.
4. Die Spieße 10–15 Minuten im Ofen grillen.

47. „Tatar“

Zutaten für 2 Portionen:

- 350 g Aubergine
- ½ rote Zwiebel
- 2 Cornichons
- 2 TL Kapern
- 2 EL Erdnussöl
- 1 EL Olivenöl
- 1 EL Ketchup
- 1 TL Senf
- 1 TL Tomatenmark
- 1 TL Paprikapulver
- Tabasco
- Salz und Pfeffer

Nährwertangaben pro Portion:

- Kalorien: 232 kcal
- Kohlenhydrate: 8g
- Fett: 20 g
- Eiweiß: 3 g

Zubereitungszeit: 35 Minuten

Zubereitung:

1. Den Backofen auf 190 °C vorheizen und ein Backblech mit Backpapier auslegen.
2. Die Aubergine der Länge nach halbieren. Ein gitterförmiges Muster in die Innenseiten schneiden. Das Erdnussöl darauf verstreichen, etwas Salz darüberstreuen und die Aubergine 20–25 Minuten lang im Ofen garen.
3. Kapern, Zwiebel und Cornichons fein hacken. Danach mit den übrigen Zutaten vermengen.
4. Das Fruchtfleisch der Aubergine lösen, fein hacken und abkühlen lassen. Mit der Sauce vermengen und mit Salz und Pfeffer würzen.

48. Gemüse-Sülze

Zutaten für 5 Portionen:

- 750 ml Brühe
- Saft einer halben Zitrone
- 7 g Agar-Agar
- 75 g Maiskölbchen
- 130 g Karotten
- 120 g Erbsen, aus dem Glas
- 150 g Blumenkohl
- 120 g Brokkoli
- Salz und Pfeffer

Nährwertangaben pro Portion:

- Kalorien: 50 kcal
- Kohlenhydrate: 7 g
- Fett: 1 g
- Eiweiß: 4 g

Zubereitungszeit: 25 Minuten, Ruhezeit: 1 Stunde

Zubereitung:

1. Blumenkohl und Brokkoli zerkleinern und waschen, die Karotten schälen und in Scheiben schneiden. Die Brühe in einem Topf erhitzen und Blumenkohl, Brokkoli sowie die Karotten nur so lange darin garen, sodass sie noch Biss haben.
2. Das Gemüse abschöpfen und in einer Kastenform verteilen. Maiskölbchen und Erbsen hinzufügen
3. Die Brühe zu 750 ml aufgießen, den Zitronensaft hinzugeben und zum Kochen bringen.
4. Das Agar-Agar nach Packungsanweisung in Wasser auflösen. Anschließend zu der Brühe hinzufügen und eine Minute kochen. Nach Belieben mit Salz und Pfeffer würzen.
5. Die Brühe über das Gemüse gießen und etwas abkühlen lassen. Anschließend im Kühlschrank aufbewahren, zum Servieren stürzen und in Scheiben schneiden.

49. Zupfbrot

Zutaten für 10 Portionen:

- 1 Laib Brot
- 200 g Gouda, in Scheiben
- 100 g Cheddar, in Scheiben
- 60 ml Olivenöl
- 2 Knoblauchzehen
- ½ Bund Schnittlauch
- ½ Bund Petersilie

Nährwertangaben pro Portion:

- Kalorien: 274 kcal
- Kohlenhydrate: 22g
- Fett: 14 g
- Eiweiß: 11 g

Zubereitungszeit: 20 Minuten

Zubereitung:

1. Den Backofen auf 200 °C vorheizen und ein Backblech mit Backpapier auslegen.
2. Die Kräuter waschen, den Knoblauch schälen und alles fein hacken. Anschließend mit Olivenöl verrühren.
3. Ein Gittermuster in das Brot schneiden, dabei nicht bis auf den Boden schneiden.
4. Den Käse in die Vertiefungen legen. Danach das Öl auf der Brotkruste und in den Einschnitten verteilen.
5. Das Brot im Ofen für 15 Minuten backen.

50. Barbecue-Blumenkohl

Zutaten für 4 Portionen:

- 1 Blumenkohl
- Salz und Pfeffer
- 125 ml Pflanzenmilch
- 90 g Mehl
- 2 TL Knoblauchpulver
- 1 TL Kreuzkümmel
- 1 TL Paprikapulver, rosenscharf
- 4 EL Tomatenmark
- 2 EL brauner Zucker
- 1 TL Paprikapulver, geräuchert
- 1 TL Chiliflocken
- 1 EL Margarine

Nährwertangaben pro Portion:

- Kalorien: 199 kcal
- Kohlenhydrate: 32 g
- Fett: 4 g
- Eiweiß: 6 g

Zubereitungszeit: 45 Minuten

Zubereitung:

1. Den Blumenkohl zerteilen und waschen.
2. Den Ofen auf 220 °C vorheizen und ein Backblech mit Backpapier auslegen.
3. Mehl, Pflanzenmilch und 125 ml Wasser vermengen. Danach Knoblauchpulver, Kreuzkümmel, das rosenscharfe Paprikapulver sowie etwas Salz und Pfeffer hinzufügen.
4. Blumenkohlstücke in den Teig tauchen und auf das Backblech legen. 20 Minuten backen, nach 10 Minuten wenden.
5. Tomatenmark, 200 ml Wasser, Zucker, das geräucherte Paprikapulver, Chiliflocken und Margarine in einem Topf köcheln lassen, bis eine zähflüssige Konsistenz erreicht ist.
6. Den Blumenkohl in die Sauce tauchen und weitere 20 Minuten backen, dabei erneut nach 10 Minuten wenden. Den Blumenkohl direkt nach dem Backen servieren.

51. Pesto-Gebäck

Zutaten für 12 Portionen:

- 1 Pck. Blätterteig
- 1 Ei
- 2 EL grünes Pesto
- 2 EL rotes Pesto
- 2 EL Parmesan, gerieben
- 1 EL Grieß
- 15 g Sahne
- Salz und Pfeffer

Nährwertangaben pro Portion:

- Kalorien: 121 kcal
- Kohlenhydrate: 9 g
- Fett: 8 g
- Eiweiß: 2 g

Zubereitungszeit: 25 Minuten

Zubereitung:

1. Den Backofen auf 170 °C vorheizen und ein Backblech mit Backpapier auslegen. Das Ei trennen und anschließend die Ränder des Teigs mit dem Eiweiß einpinseln.
2. Den Teig jeweils zur Hälfte mit grünem und rotem Pesto bestreichen. Den Parmesan gleichmäßig darauf verteilen und den Teig aufrollen. Die Rolle in 1 cm breite Scheiben schneiden.
3. Grieß auf dem Blech verteilen und die Gebäckstücke darauflegen. Eigelb und Sahne verrühren und auf dem Gebäck verstreichen. Im Ofen 15–20 Minuten backen.

52. Avocado-Spalten

Zutaten für 4 Portionen:

- 2 feste Avocados
- Saft einer halben Zitrone
- 2 Eier
- 100 g Semmelbrösel
- 30 g Parmesan, gerieben
- 2 EL Mehl
- 2 EL Öl
- Salz und Pfeffer

Nährwertangaben pro Portion:

- Kalorien: 464 kcal
- Kohlenhydrate: 33 g
- Fett: 34 g
- Eiweiß: 11 g

Zubereitungszeit: 15 Minuten

Zubereitung:

1. Das Fruchtfleisch der Avocados im Ganzen von der Schale trennen und in dünne Scheiben schneiden. Anschließend mit Zitronensaft beträufeln.
2. Die Eier mit Salz und Pfeffer verrühren. Die Semmelbrösel mit dem Parmesan mischen.
3. Die Avocadostücke mit Mehl, Ei und Semmelbröseln panieren. Das Öl in einer Pfanne erhitzen und die Avocadospalten darin anbraten.

53. Carpaccio mit Zucchini

Zutaten für 4 Portionen:

- 800 g Zucchini
- ½ Bio-Zitrone
- 2 Knoblauchzehen
- 6 EL Olivenöl
- 60 g Parmesan, gehobelt
- Salz und Pfeffer
- 50 g Pinienkerne

Nährwertangaben pro Portion:

- Kalorien: 392 kcal
- Kohlenhydrate: 18g
- Fett: 29 g
- Eiweiß: 12 g

Zubereitungszeit: 20 Minuten

Zubereitung:

1. Die Zucchini waschen und mit einem Schäler in feine Scheiben schneiden. Den Knoblauch schälen und fein hacken. Die Zitrone waschen, ein wenig von der Schale abreiben und die Zitrone auspressen.
2. Olivenöl, Zitronensaft, Zitronenabrieb und Knoblauch vermischen. Die Pinienkerne in einer Pfanne ohne Fett rösten.
3. Die Zucchini aufgefächert auf Teller legen. Das Dressing darüber träufeln, die Parmesanhobel und Pinienkerne über die Zucchini streuen. Mit Salz und Pfeffer abrunden.

54. Gurken-Sandwiches

Zutaten für 4 Portionen:

- 1 TL Zitronensaft
- 250 g Frischkäse
- Worcestersauce
- 250 g Salatgurke
- 8 Scheiben Vollkorn-Toastbrot
- ½ Pck. Kresse
- Salz und Pfeffer
- Zahnstocher

Nährwertangaben pro Portion:

- Kalorien: 307 kcal
- Kohlenhydrate: 25 g
- Fett: 18 g
- Eiweiß: 9 g

Zubereitungszeit: 15 Minuten

Zubereitung:

1. Zitronensaft, Frischkäse, Salz, Pfeffer und etwas Worcestersauce vermengen.
2. Die Gurke schälen und in feine Scheiben schneiden.
3. Nach Belieben die Rinde der Brotscheiben abschneiden. Den Frischkäse auf den Brotscheiben verstreichen und die geschnittene Gurke darauf verteilen. Mit Kresse bestreuen.
4. Die Brote in kleine Quadrate schneiden und mit Zahnstochern aufspießen.

55. Gebackene Champignons

Zutaten für 6 Portionen:

- 200 g Champignons
- 150 g Schafskäse
- 1 EL Olivenöl
- 2 EL mediterrane Kräuter
- 1 TL Paprikapulver
- Salz und Pfeffer

Nährwertangaben pro Portion:

- Kalorien: 92 kcal
- Kohlenhydrate: 1g
- Fett: 7 g
- Eiweiß: 5 g

Zubereitungszeit: 25 Minuten

Zubereitung:

1. Die Champignons putzen und die Stiele entfernen. Den Ofen auf 180 °C vorheizen und ein Backblech mit Backpapier auslegen.
2. Den Schafskäse zerbröseln und mit Öl, Kräutern sowie den Gewürzen vermengen. Die Champignons damit füllen.
3. Die Champignons für 20 Minuten im Ofen backen und warm servieren.

56. Jalapeño-Häppchen

Zutaten für 6 Portionen:

- 6 frische Jalapeños
- 200 g Frischkäse
- 2 Eier
- 120 g Weizenmehl
- 90 g Semmelbrösel
- 60 ml Milch
- 25 g Cheddar, gerieben
- Salz und Pfeffer
- Erdnussöl

Nährwertangaben pro Portion:

- Kalorien: 280 kcal
- Kohlenhydrate: 27 g
- Fett: 15 g
- Eiweiß: 8 g

Zubereitungszeit: 30 Minuten, Ruhezeit: 8 Stunden

Zubereitung:

1. Jalapeños waschen, längs halbieren und die Kerne auskratzen. Zusammen mit der Milch in einen Behälter geben und über Nacht im Kühlschrank aufbewahren.
2. Die Jalapeños abtropfen lassen. Den Frischkäse mit Cheddar, etwas Salz und Pfeffer mischen und die Jalapeños damit füllen.
3. Die Jalapeños mit Mehl, Eiern und Semmelbröseln panieren.
4. Das Erdnussöl in einem hohen Topf auf 170 °C erhitzen und die Jalapeños 5 Minuten darin frittieren.

57. Gefüllte Weinblätter

Zutaten für 4 Portionen:

- 200 g Langkornreis
- 300 g eingelegte Weinblätter
- 4 EL Rosinen
- 200 g Zwiebeln, fein gehackt
- ½ Bund Petersilie, fein gehackt
- ½ Bund Dill, fein gehackt
- 2 Zweige Pfefferminze, fein gehackt
- 5 EL Olivenöl
- 4 EL Pinienkerne
- 2 Zitronen
- Salz und Pfeffer

Nährwertangaben pro Portion:

- Kalorien: 458 kcal
- Kohlenhydrate: 56g
- Fett: 22 g
- Eiweiß: 10 g

Zubereitungszeit: 80 Minuten

Zubereitung:

1. Den Reis 15 Minuten garen. Eine Zitrone auspressen.
2. In einem weiteren Topf Wasser zum Kochen bringen und die Weinblätter 3 Minuten darin blanchieren. Danach die Stiele entfernen und die Weinblätter abtropfen lassen.
3. Rosinen, Kräuter, Zwiebeln, Pinienkerne, 2 Esslöffel Zitronensaft und 2 Esslöffel Öl mit dem Reis vermischen. Nach Belieben salzen und pfeffern.
4. Die Weinblätter mit der glatten Seite nach unten legen. Jedes Weinblatt mit einem Esslöffel Reis füllen. Das Blatt zuerst über der Füllung falten, danach weiter aufrollen.
5. Die gewickelten Weinblätter vorsichtig in einen Topf legen und 2 Esslöffel Zitronensaft sowie 3 Esslöffel Öl hinzufügen. Einen Teller umdrehen und auf die Weinblätter legen. Die Rollen anschließend mit heißem Wasser bedecken. Auf niedriger Stufe eine Stunde lang köcheln lassen. Die übrige Zitrone in Scheiben schneiden und die Weinblätter damit garnieren.

58. Umhüllte Datteln

Zutaten für 10 Portionen:

- 20 getrocknete Datteln
- 1 Block Tempeh
- 2 EL Olivenöl
- 1 Knoblauchzehe
- 1 TL Zimtpulver
- 2 TL Paprikapulver, edelsüß
- 2 TL Paprikapulver, rosenscharf
- Worcestersoße
- 3 EL Sojasauce
- 2 EL Ketjap Manis
- 1 EL Agavendicksaft
- Zahnstocher

Nährwertangaben pro Portion:

- Kalorien: 142 kcal
- Kohlenhydrate: 18 g
- Fett: 4 g
- Eiweiß: 5 g

Zubereitungszeit: 15 Minuten, Ruhezeit: 1 Stunde

Zubereitung:

1. Den Knoblauch schälen und fein hacken. Anschließend mit etwas Öl und den weiteren Zutaten bis auf die Datteln und den Tempeh vermischen.
2. Tempeh in feine Scheiben schneiden. In der Sauce mindestens eine Stunde lang marinieren lassen.
3. Etwas Öl in einer Pfanne erhitzen und den Tempeh darin knusprig anbraten. Die Datteln mit dem Tempeh ummanteln und einen Zahnstocher hineinstecken.

59. Knusprige Kichererbsen

Zutaten für 3 Portionen:

- 265 g Kichererbsen, aus der Dose
- 3 EL Olivenöl
- 1 TL Paprikapulver
- 1 TL Knoblauchpulver
- 1 TL Kreuzkümmel, gemahlen
- ½ TL Chilipulver
- Salz und Pfeffer

Nährwertangaben pro Portion:

- Kalorien: 226 kcal
- Kohlenhydrate: 14 g
- Fett: 16 g
- Eiweiß: 5 g

Zubereitungszeit: 35 Minuten

Zubereitung:

1. Den Backofen auf 200 °C vorheizen und ein Backblech mit Backpapier auslegen. Die Kichererbsen abtropfen lassen und auf dem Blech für 30 Minuten rösten, dabei gelegentlich wenden.
2. Währenddessen die Gewürze vermengen. Die gerösteten Kichererbsen mit Olivenöl und Gewürzen umhüllen.

60. Grünkohl-Chips

Zutaten für 4 Portionen:

- 400 g Grünkohl
- 7 EL Olivenöl
- 1 EL Sojasauce
- 1 TL Tomatenmark
- 1 EL Sesamkörner
- 20 ml Zitronensaft
- 1 TL Chilipulver
- ¼ TL Paprikapulver
- 2 EL Parmesan, gerieben

Nährwertangaben pro Portion:

- Kalorien: 317 kcal
- Kohlenhydrate: 3 g
- Fett: 31 g
- Eiweiß: 7 g

Zubereitungszeit: 35 Minuten

Zubereitung:

1. Den Backofen auf 100 °C vorheizen und ein Backblech mit Backpapier auslegen.
2. Alle Zutaten bis auf den Kohl miteinander verrühren.
3. Die Blattstiele des Kohls entfernen und die Blätter zerkleinern. Die Blätter waschen, trocknen und anschließend mit der Sauce mischen.
4. Die Grünkohlstücke auf das Blech legen und 30 Minuten lang backen.

61. Samosas

Zutaten für 8 Portionen:

- 1 Pck. Filoteig
- 200 g Erbsen
- 4 Kartoffeln, klein gewürfelt
- 2 Knoblauchzehen, fein gehackt
- 1 Zwiebel, fein gehackt
- 1 Karotte, klein gewürfelt
- 2 TL Currypulver
- 1 TL Garam Masala
- 1 TL Koriandersamen
- Salz und Pfeffer
- Bratöl
- 250 g Joghurt
- 1 TL Agavendicksaft
- ½ Bund Pfefferminze, gehackt

Nährwertangaben pro Portion:

- Kalorien: 246 kcal
- Kohlenhydrate: 42 g
- Fett: 4 g
- Eiweiß: 8 g

Zubereitungszeit: 40 Minuten

Zubereitung:

1. Öl in einer Pfanne erhitzen und zunächst die Gewürze mit der Zwiebel auf mittlerer Stufe kurz anbraten.
2. Danach das Gemüse hinzufügen und 10 Minuten braten. Knoblauch, Salz und Pfeffer unterrühren.
3. Aus dem Teig acht Streifen schneiden und leicht mit Öl bestreichen. Jeweils einen Esslöffel der Füllung nah am Ende des Streifens platzieren. Den Teig so falten, dass die Füllung bedeckt ist, dann weiter zu einem Dreieck falten.
4. Die Samosas gut verschließen und von außen mit Öl einpinseln. Ein Backblech mit Backpapier belegen und die Samosas darauf bei 180 °C 10–15 Minuten goldbraun backen.
5. Joghurt, Agavendicksaft, Minze, Salz und Pfeffer vermengen. Die Samosas ofenfrisch mit der Sauce servieren.

62. Kimchi

Zutaten für 6 Portionen:

- 900 g Chinakohl
- 375 ml Wasser
- 4 EL Salz
- 250 g Rettich
- 3 Stangen Frühlingszwiebeln
- ½ TL Paprikapulver, rosenscharf
- 4 EL Paprikapulver, edelsüß
- 1 ½ EL Tamari-Sojasoße
- 25 g Ingwer, gerieben
- 2 Knoblauchzehen, fein gehackt
- 1 EL Chiliflocken

Nährwertangaben pro Portion:

- Kalorien: 58 kcal
- Kohlenhydrate: 7 g
- Fett: 1 g
- Eiweiß: 3 g

Zubereitungszeit: 35 Minuten, Ruhezeit: 2 Tage

Zubereitung:

1. Den Chinakohl in Viertel schneiden und waschen. Anschließend grob stückeln und in einer großen Schüssel mit Wasser und 3 Esslöffeln Salz vermengen. Danach unter gelegentlichem Mischen mindestens 2 Stunden ruhen lassen.
2. Den Rettich schälen, grob hacken und in einer Schüssel mit einem Esslöffel Salz 30 Minuten ruhen lassen.
3. Sojasoße, Paprikapulver, Knoblauch und Ingwer zusammen pürieren.
4. Den Chinakohl unter fließendem Wasser waschen. Anschließend mit Rettich und Frühlingszwiebeln vermischen. Danach mit der Sauce vermengen.
5. Einmachgläser heiß ausspülen und die Mischung mit Druck hineinfüllen, sodass das Glas nicht ganz voll und der Kohl mit Sauce bedeckt ist. Den Kimchi anschließend 2–5 Tage fermentieren lassen, dabei ab und zu nachdrücken. Nach dem zweiten Tag im Kühlschrank lagern.

63. Corn Dogs

Zutaten für 8 Portionen:

- 200 g Maismehl
- 150 g Weizenmehl, Type 550
- 4 Eier
- 400 ml Vollmilch
- 50 g Stärke
- 3 TL Salz
- 1 TL Zucker
- ½ TL Kurkumapulver
- 1 TL Paprikapulver
- 2 TL Backpulver
- 100 ml natives Olivenöl extra
- 8 vegetar. „Wiener" Würstchen
- Erdnussöl
- Schaschlikspieße

Nährwertangaben pro Portion:

- Kalorien: 574 kcal
- Kohlenhydrate: 39g
- Fett: 36 g
- Eiweiß: 19 g

Zubereitungszeit: 30 Minuten

Zubereitung:

1. Außer den Würstchen und dem Erdnussöl alle Zutaten mit einem Handrührgerät vermengen. Die Masse anschließend in ein hohes Gefäß geben.
2. Die Würstchen in der Mitte halbieren, mit etwas Mehl bedecken und Schaschlikspieße hineinstecken.
3. Das Erdnussöl in einem hohen Topf auf 170 °C erhitzen. Die Würstchen in den Teig tauchen, sodass sie komplett umhüllt sind.
4. Die Würstchen am Spießende greifen und in dem Öl 7 Minuten lang frittieren.

64. Bruschetta

Zutaten für 6 Portionen:

- 1 kg Tomaten
- 2 Schalotten
- 4 Knoblauchzehen
- Olivenöl
- 1 Bund Basilikum
- 1 Ciabatta-Brot
- Salz und Pfeffer
- Parmesan, gehobelt oder gerieben

Nährwertangaben pro Portion:

- Kalorien: 401 kcal
- Kohlenhydrate: 32 g
- Fett: 25 g
- Eiweiß: 8 g

Zubereitungszeit: 25 Minuten

Zubereitung:

1. Die Tomaten waschen und fein würfeln. Die Zwiebeln und 3 Knoblauchzehen schälen und fein hacken. Alles mit Salz, Pfeffer und Olivenöl mischen.
2. Den Backofen auf 200 °C vorheizen und ein Backblech mit Backpapier auslegen.
3. Das Brot in Scheiben schneiden und mit etwas Olivenöl bestreichen. Eine Knoblauchzehe anschneiden und über das Brot reiben. Im Ofen 8 Minuten backen.
4. Basilikum waschen, hacken und zu den Tomaten hinzufügen. Die Mischung auf die Brotscheiben geben und mit Parmesan garnieren.

65. Käsecracker

Zutaten für 24 Portionen:

- 250 g Gruyère, gerieben
- 60 g Parmesan, gerieben
- 90 g Butter
- 155 g Mehl
- 1 Prise Pfeffer
- 2 EL Schnittlauch, gehackt
- ½ TL Salz

Nährwertangaben pro Portion:

- Kalorien: 5 kcal
- Kohlenhydrate: 4g
- Fett: 7 g
- Eiweiß: 4 g

Zubereitungszeit: 20 Minuten, Ruhezeit: 1 Stunde

Zubereitung:

1. Käse, Butter, Mehl, Salz und Pfeffer mit einem Handrührgerät vermengen.
2. Den Teig zu einem Durchmesser von 5 cm aufrollen, anschließend in Frischhaltefolie wickeln und mindestens eine Stunde im Kühlschrank ruhen lassen.
3. Den Ofen auf 175 °C vorheizen und ein Backblech mit Backpapier auslegen. Ca. 6 mm dünne Scheiben aus dem Teig schneiden. Den Schnittlauch auf den Crackern verteilen und je 12 Cracker pro Blech für 10–15 Minuten backen.

66. Tempura

Zutaten für 6 Portionen:

- 6 EL Sojasauce
- 3 EL Zitronensaft
- 5 EL Mirin
- 1 Süßkartoffel
- 6 Champignons
- 3 Karotten
- 250 g Brokkoli
- 100 g grüne Kenia-Bohnen
- 1 Ei
- 150 g Tempura-Mehl
- Erdnussöl
- Eiswürfel

Nährwertangaben pro Portion:

- Kalorien: 221 kcal
- Kohlenhydrate: 35 g
- Fett: 4 g
- Eiweiß: 7 g

Zubereitungszeit: 35 Minuten

Zubereitung:

1. Sojasauce, Zitronensaft und Mirin vermischen und in einem Schälchen beiseitestellen.
2. Die Süßkartoffel schälen, in feine Scheiben schneiden und danach in kaltes Wasser legen. Die Pilze abputzen und die Stielenden abschneiden. Die Karotten schälen und in dünne Stifte schneiden. Brokkoliröschen und Bohnen waschen.
3. Eine Rührschüssel mit 200 ml Wasser und 4–5 Eiswürfeln füllen. Die Eiswürfel schmelzen lassen, danach das Ei unterrühren. Das Mehl hinzufügen und kurz mit einer Gabel einrühren.
4. Das Öl in einem hohen Topf auf etwa 170 °C erhitzen. Die Süßkartoffel abtropfen lassen und ein wenig trocken tupfen. Das Gemüse nach und nach mit dem Teig umhüllen und frittieren. Noch warm mit der Sauce genießen.

Hauptspeisen

Hauptspeisen

67. Blumenkohlpizza

Zutaten für 4 Portionen:

- 1 Zwiebel, gehackt
- 2 Knoblauchzehen, gehackt
- 2 EL Olivenöl
- 1 Dose gestückelte Tomaten
- 1 TL Oregano
- 1 kg Blumenkohl
- 300 g Tomaten, in Scheiben
- 2 Stangen Frühlingszwiebeln, in Ringen
- 250 g Mozzarella
- 200 g Gouda, gerieben
- 50 g Basilikum
- 1 Prise Zucker
- Salz und Pfeffer

Nährwertangaben pro Portion:

- Kalorien: 460 kcal
- Kohlenhydrate: 10 g
- Fett: 32 g
- Eiweiß: 31 g

Zubereitungszeit: 50 Minuten

Zubereitung:

1. Das Öl in einem Topf erhitzen und die Zwiebel und den Knoblauch leicht anbraten. Die Dosentomaten hinzufügen und 5 Minuten köcheln lassen. Mit Salz, Pfeffer, einer Prise Zucker und Oregano würzen.
2. Den Blumenkohl zerteilen und waschen. 4 Minuten in Salzwasser garen, danach abgießen.
3. Den Ofen auf 200 °C vorheizen.
4. Den Blumenkohl so zerkleinern, dass er eine leicht körnige Konsistenz behält. Mit dem Gouda vermengen.
5. Backpapier auf zwei Bleche legen. Jeweils eine Hälfte des „Teigs“ auf den Blechen verteilen und nacheinander für 10 Minuten backen.
6. Die Böden nacheinander mit Sauce, Tomaten, Frühlingszwiebeln und Mozzarella belegen und 12 Minuten backen. Zuletzt mit Basilikum garnieren.

68. Paprikaquiche

Zutaten für 5 Portionen:

- 200 g Mehl
- 100 g Butter
- 3 Eier
- 20 ml Sprudelwasser
- 1 Prise Salz
- 1 EL Olivenöl
- 3 rote Paprika, gewürfelt
- 3 Schalotten, gehackt
- 120 g Ajvar
- 100 g Crème fraîche
- 1 EL Tomatenmark
- 200 g Käse, gerieben
- Pfeffer

Nährwertangaben pro Portion:

- Kalorien: 512 kcal
- Kohlenhydrate: 11g
- Fett: 43 g
- Eiweiß: 16 g

Zubereitungszeit: 35 Minuten, Ruhezeit: 1 Stunde

Zubereitung:

1. Mehl, Butter, ein Ei, Sprudelwasser und Salz vermengen. Den Teig in Frischhaltefolie gewickelt eine Stunde gekühlt ruhen lassen.
2. Paprika und Schalotten in einer Pfanne in heißem Öl 10 Minuten lang dünsten.
3. Den Ofen auf 190 °C vorheizen.
4. Den Teig ausrollen und in einer eingefetteten Springform ausbreiten. Mit einer Gabel mehrere Löcher in den Teig stechen.
5. Paprika, Schalotten, 2 Eier, Käse, Ajvar, Tomatenmark und Crème fraîche vermengen und mit Salz und Pfeffer würzen. Anschließend auf den Teig geben.
6. Im Ofen 40 Minuten lang backen.

69. Lasagne mit Auberginen

Zutaten für 6 Portionen:

- 2 Auberginen, in Scheiben
- 3 EL Olivenöl
- 1 Bund Basilikum, gehackt
- 600 g Tomaten, gewürfelt
- 1 Zwiebel, gehackt
- 1 Knoblauchzehe, gehackt
- 1 Prise Zucker
- 50 g Parmesan, gerieben
- 50 g Butter
- 50 g Mehl
- 650 ml Milch
- 100 g Sahne
- 1 TL Zitronensaft
- 12 Lasagneplatten
- 250 g Mozzarella
- Salz und Pfeffer

Nährwertangaben pro Portion:

- Kalorien: 448 kcal
- Kohlenhydrate: 16g
- Fett: 33 g
- Eiweiß: 18 g

Zubereitungszeit: 1 Stunde

Zubereitung:

1. Zwei Esslöffel Öl in einer Pfanne erhitzen und die Auberginen darin anbraten. Danach salzen und pfeffern.
2. Zwiebel und Knoblauch mit 2 Esslöffeln Öl leicht anbraten. Die Tomaten hinzufügen und 3 Minuten köcheln lassen. Anschließend etwas Basilikum, Salz, Pfeffer und den Zucker dazugeben.
3. Die Butter in einem Topf schmelzen und das Mehl darin verrühren, danach mit Milch und Sahne ablöschen und 3 Minuten köcheln lassen. Parmesan, Salz, Pfeffer und Zitronensaft hinzufügen.
4. Den Backofen auf 190 °C vorheizen.
5. Helle Sauce, Lasagneplatten, Auberginen und die Tomatenmischung schichtweise in eine eingefettete Auflaufform füllen. Mit Mozzarella belegen. 45 Minuten backen und mit dem restlichen Basilikum garnieren.

70. Falafel-Wraps

Zutaten für 4 Portionen:

- 2 Avocados, gewürfelt
- 200 g Tomaten
- 100 g Salat
- 1 Bund Rucola
- 100 g Datteln, gewürfelt
- 4 Tortilla-Wraps
- 8 EL Hummus
- 4 EL Ajvar
- 530 g Kichererbsen
- ½ Bund Petersilie, gehackt
- 1 Schalotte, gehackt
- 2 Knoblauchzehen, gehackt
- 1 TL Kreuzkümmel
- 50 g Semmelbrösel
- 1 EL Sonnenblumenöl
- Salz und Pfeffer

Nährwertangaben pro Portion:

- Kalorien: 696 kcal
- Kohlenhydrate: 82 g
- Fett: 30 g
- Eiweiß: 18 g

Zubereitungszeit: 50 Minuten

Zubereitung:

1. Kichererbsen, Petersilie, Schalotte, Knoblauch und Kreuzkümmel vermengen und pürieren. Danach Semmelbrösel, Öl, Salz und Pfeffer hinzufügen und nochmals vermischen.
2. Den Ofen auf 200 °C vorheizen und ein Backblech mit Backpapier auslegen.
3. Aus dem Teig Bällchen formen und auf dem Blech 35 Minuten backen.
4. Tomaten und Salate waschen. Die Tomaten in Würfel schneiden, den Salat in Stücke zupfen.
5. Die Wraps erwärmen. Danach mit Hummus und Ajvar einstreichen, mit Falafel und den weiteren Zutaten füllen und zusammenfalten.

71. Gemüse-Paella

Zutaten für 4 Portionen:

- 2 Zwiebeln
- 100 g TK-Erbsen
- 1 rote Paprika, gewürfelt
- 1 gelbe Paprika, gewürfelt
- 100 g Kirschtomaten, halbiert
- 1 Chilischote, fein gehackt
- 1 Zwiebel, gehackt
- 2 Knoblauchzehen, gehackt
- 2 Zitronen
- 2 EL Olivenöl
- 250 g Risotto-Reis
- 800 ml Gemüsebrühe
- ½ TL Safranfäden
- 40 g schwarze Oliven
- Salz und Pfeffer
- Paprikapulver, edelsüß

Nährwertangaben pro Portion:

- Kalorien: 404 kcal
- Kohlenhydrate: 68 g
- Fett: 6 g
- Eiweiß: 13 g

Zubereitungszeit: 35 Minuten

Zubereitung:

1. Den Saft einer Zitrone auspressen.
2. Das Öl in einer großen Pfanne erhitzen. Zwiebel, Chilischote, Paprika und Knoblauch leicht anbraten. Den Reis hinzufügen und anschließend mit der Brühe aufgießen.
3. Den Safran dazugeben und alles auf niedriger Stufe für 10–15 Minuten köcheln lassen.
4. In den letzten 5 Minuten Erbsen, Tomaten und Oliven hinzufügen. Danach mit Salz, Pfeffer, Paprikapulver und Zitronensaft abrunden. Die übrige Zitrone vierteln und zu dem Reis servieren.

72. Sommerrollen

Zutaten für 3 Portionen:

- 6 Blätter Reispapier
- 1 Karotte
- 1 Salatgurke
- 1 Avocado
- 1 Mango
- 300 g Blaukraut
- 1 Block Räuchertofu
- 1 EL Kokosnussöl
- 50 g Erdnussmus
- ½ TL Salz
- ½ TL Zwiebelpulver
- ½ TL Knoblauchpulver
- Saft einer Limette
- 30 ml Wasser

Nährwertangaben pro Portion:

- Kalorien: 399 kcal
- Kohlenhydrate: 43 g
- Fett: 20 g
- Eiweiß: 7 g

Zubereitungszeit: 15 Minuten

Zubereitung:

1. Karotte, Avocado und Mango schälen, die Gurke und das Blaukraut waschen. Anschließend alles in dünne Streifen schneiden.
2. Den Tofu ebenfalls in Streifen schneiden und in dem Kokosnussöl knusprig anbraten.
3. Einen tiefen Teller mit Wasser füllen und das Reispapier sehr kurz darin aufweichen.
4. Das Reispapier belegen, dabei etwas Rand lassen. Das gefüllte Reispapier zuerst oben und unten einklappen, dann einrollen.
5. Erdnussmus mit Salz, Knoblauchpulver, Zwiebelpulver, Limettensaft und Wasser verrühren. Die Rollen mit dem Dip servieren.

73. Gnocchi mit Champignons

Zutaten für 4 Portionen:

- 500 g Champignons
- 1 Zwiebel, gehackt
- 3 EL Olivenöl
- 400 ml Sahne
- 1 EL Mehl
- 1 TL Salz
- ½ TL Pfeffer
- ½ TL Paprikapulver
- 800 g Gnocchi
- 2 Stangen Frühlingszwiebeln, in Ringen
- 20 g Petersilie, gehackt

Nährwertangaben pro Portion:

- Kalorien: 717 kcal
- Kohlenhydrate: 74 g
- Fett: 38 g
- Eiweiß: 13 g

Zubereitungszeit: 20 Minuten

Zubereitung:

1. Die Pilze putzen und in Scheiben schneiden.
2. Zwei Esslöffel des Olivenöls in einem Topf erhitzen und die Zwiebel darin leicht anbraten. Pilze hinzufügen und ebenfalls kurz garen.
3. Die Sahne dazugießen. Das Mehl mit 2 Esslöffeln Wasser verrühren und in die Sauce mischen.
4. Salz, Pfeffer und Paprikapulver hinzufügen und 10 Minuten köcheln lassen.
5. In der Zwischenzeit einen Esslöffel Öl in einer Pfanne erhitzen und die Gnocchi darin anbraten, bis sie außen leicht knusprig sind. Die Gnocchi mit Sauce, Frühlingszwiebeln und Petersilie anrichten.

74. Kohlrouladen

Zutaten für 4 Portionen:

- 1 rote Paprika, gewürfelt
- 200 g Champignons, gestückelt
- 200 g Gouda, gerieben
- 1 Bund Schnittlauch, gehackt
- 300 g Reis, gekocht
- 2 Eier
- 1 Kopf Weißkohl
- 2 Zwiebeln, gehackt
- 2 EL Sonnenblumenöl
- 300 ml Gemüsebrühe
- 150 g Sahne
- 1 EL Stärke
- Salz und Pfeffer
- Küchengarn

Nährwertangaben pro Portion:

- Kalorien: 503 kcal
- Kohlenhydrate: 38g
- Fett: 29 g
- Eiweiß: 23 g

Zubereitungszeit: 35 Minuten

Zubereitung:

1. Paprika, Pilze, Käse und den Großteil des Schnittlauchs mit dem Reis und den Eiern vermengen. Anschließend mit Salz und Pfeffer würzen.
2. Acht größere Kohlblätter waschen und für 5 Minuten in kochendes Salzwasser geben.
3. Die Reismischung auf die Blätter streichen. Die Ränder nach innen klappen, Rollen formen und mit Garn zusammenbinden.
4. Das Öl erhitzen und die Rouladen darin anbraten, bis sie außen braun werden. Die Zwiebeln hinzufügen und kurz glasig anbraten. Brühe und Sahne dazugießen. Auf niedriger Stufe 15 Minuten köcheln lassen. Die Rouladen anschließend wieder herausnehmen.
5. Die Stärke mit 2 Esslöffeln kaltem Wasser vermengen. In die Sauce rühren und nochmals aufkochen lassen. Die Rouladen mit der Sauce und dem übrigen Schnittlauch servieren.

75. Zitronenspaghetti

Zutaten für 4 Portionen:

- 500 g Spaghetti
- 2 EL Olivenöl
- 1 EL Butter
- 1 Schalotte
- 1 Knoblauchzehe
- 1 EL Zitronenschale
- 1 Prise Zucker
- 4 EL Zitronensaft
- 1 TL frische Thymianblätter
- 50 g Parmesan, gerieben
- 1 Prise Muskatnuss
- Salz und Pfeffer

Nährwertangaben pro Portion:

- Kalorien: 310 kcal
- Kohlenhydrate: 45 g
- Fett: 10 g
- Eiweiß: 8 g

Zubereitungszeit: 25 Minuten

Zubereitung:

1. Die Spaghetti in kochendem Salzwasser garen, sodass sie noch bissfest sind.
2. Schalotte und Knoblauch schälen und fein hacken.
3. Öl und Butter zusammen erhitzen, die Zitronenschale hinzufügen und mit Zucker bestreuen. Den Zitronensaft darübergießen und Salz, Pfeffer und Muskatnuss dazugeben.
4. Die Spaghetti in der Sauce schwenken und mit Thymian und Parmesan anrichten.

76. Spinat-Pide

Zutaten für 4 Portionen:

- 600 g Mehl
- 250 ml Milch
- 50 g Margarine
- 2 Eier
- 1 Eigelb
- 1 Würfel Frischhefe
- 1 Prise Zucker
- 250 g Schafskäse
- 200 g TK-Spinat, aufgetaut
- Salz und Pfeffer

Nährwertangaben pro Portion:

- Kalorien: 899 kcal
- Kohlenhydrate: 11g
- Fett: 31 g
- Eiweiß: 33 g

Zubereitungszeit: 35 Minuten, Ruhezeit: 30 Minuten

Zubereitung:

1. Mehl und Eier in eine Schüssel geben.
2. Milch, Margarine und Zucker in einem Topf erwärmen und die Hefe einrühren. Die Mischung zum Mehl hinzufügen.
3. Die Zutaten zu einem Teig verkneten, sodass keine Klümpchen enthalten sind. Ein angefeuchtetes Geschirrtuch über die Schüssel legen und den Teig 30 Minuten lang an einem warmen Ort gehen lassen.
4. Den Backofen auf 200 °C vorheizen und ein Blech mit Backpapier auslegen.
5. Den Spinat hacken, den Schafskäse würfeln und mit Salz und Pfeffer mischen.
6. Den Teig vierteln und auf dem Blech längliche Schiffchen daraus formen. Die Füllung daraufgeben und die Ränder des Teigs hochrollen. Das Eigelb mit einem Esslöffel Milch verrühren und auf die Ränder streichen.
7. Im Ofen für 20 Minuten backen.

77. Burrito-Bowl

Zutaten für 3 Portionen:

- 200 g Wildreis
- 1 Dose schwarze Bohnen
- 1 Avocado
- Saft von 2 Limetten
- 1 Knoblauchzehe, fein gehackt
- 1 rote Zwiebel, fein gehackt
- 2 Tomaten, gewürfelt
- 1 EL Jalapeños, fein gehackt
- 2 EL Olivenöl
- 360 g vegetarisches „Hackfleisch"
- 2 TL Paprikapulver, edelsüß
- 1 Kopf Romanasalat, grob gehackt
- 1 Dose Kidneybohnen
- 1 Dose Mais
- 4 EL Joghurt
- Salz und Pfeffer
- ½ Bund Koriander, fein gehackt

Nährwertangaben pro Portion:

- Kalorien: 542 kcal
- Kohlenhydrate: 63 g
- Fett: 15 g
- Eiweiß: 30 g

Zubereitungszeit: 30 Minuten

Zubereitung:

1. Den Wildreis nach Packungsanweisung zubereiten.
2. In der Zwischenzeit die schwarzen Bohnen pürieren oder zerdrücken.
3. Das Avocadofruchtfleisch zerdrücken und mit einem Teil des Limettensafts, Salz, Pfeffer und Knoblauch mischen.
4. Zwiebel, Limettensaft, Tomaten, Jalapeños, Salz und Pfeffer mischen.
5. Das Hack in heißem Öl anbraten und mit Salz und Paprikapulver würzen.
6. Je Portion etwas Bohnenpaste und Reis in eine Schüssel füllen, darauf die weiteren Zutaten löffelweise anrichten. Mit Koriander garnieren.

78. Spätzle-Auflauf

Zutaten für 4 Portionen:

- 1 rote Zwiebel
- 250 g Äpfel
- 200 g Lauch
- 80 g Butter
- 800 g Spätzle
- 4 EL Petersilie, gehackt
- 150 g Bergkäse
- Salz und Pfeffer

Nährwertangaben pro Portion:

- Kalorien: 682 kcal
- Kohlenhydrate: 64 g
- Fett: 34 g
- Eiweiß: 24 g

Zubereitungszeit: 35 Minuten

Zubereitung:

1. Eine Auflaufform einfetten und den Backofen auf 180 °C vorheizen.
2. Die Zwiebel schälen, halbieren und in Scheiben schneiden. Den Lauch halbieren, waschen und in kleine Stücke schneiden.
3. Die Äpfel schälen, vierteln und das Kerngehäuse entfernen. Danach in Würfel schneiden.
4. Einen Esslöffel Butter in einer Pfanne zerlassen und die Spätzle 3 Minuten lang anbraten.
5. In einer weiteren Pfanne die restliche Butter erhitzen und die Zwiebel sowie den Lauch leicht anbraten. Anschließend die Äpfel dazugeben und 6 Minuten lang garen. Salz und Pfeffer unterrühren.
6. Die Mischung mit den Spätzle vermengen und in die Auflaufform füllen. Den Käse darauf verteilen. Im Ofen 20 Minuten backen. Mit Petersilie garnieren.

79. Burger mit Roter Bete

Zutaten für 4 Portionen:

- 450 g frische Rote Bete
- 50 g Walnusskerne, gehackt
- 250 g Haferflocken
- 2 EL Weizen-Vollkornmehl
- 3 TL Agar-Agar
- Salz und Pfeffer
- 1 EL Senfsamen
- 1 Knoblauchzehe, gehackt
- 150 g Joghurt
- ½ Bund Petersilie, gehackt
- 2 Tomaten, in Scheiben
- 1 TL brauner Rohrohrzucker
- 1 TL natives Rapsöl
- 1 Zwiebel, in Ringen
- 60 g Feldsalat
- Vier Vollkornbrötchen

Nährwertangaben pro Portion:

- Kalorien: 588 kcal
- Kohlenhydrate: 94 g
- Fett: 17 g
- Eiweiß: 22 g

Zubereitungszeit: 45 Minuten, Ruhezeit: 15 Minuten

Zubereitung:

1. Die Rote Bete schälen und fein hobeln. Mit Haferflocken, Agar-Agar, Pfeffer und Salz vermengen und 15 Minuten ruhen lassen.
2. Den Backofen auf 180 °C vorheizen und ein Blech mit Backpapier auslegen. Vier Bratlinge aus der Mischung formen und 35 Minuten lang im Ofen backen.
3. Die Senfsamen in einer Pfanne rösten und danach grob zermahlen. Mit Knoblauch, Joghurt, Petersilie, Salz und Pfeffer vermengen.
4. Das Öl in einer Pfanne erhitzen und die Tomaten darin anbraten. Den Zucker hinzufügen und die Tomaten karamellisieren lassen.
5. Die Brötchen halbieren und die Sauce auf den Flächen verteilen. Alle weiteren Zutaten nach Belieben zwischen den Brötchenhälften platzieren.

80. „Fisch“ mit Kartoffelspalten

Zutaten für 6 Portionen:

- 1 kg Kartoffeln
- 1 EL Rosmarin
- Olivenöl
- 280 g Weizenmehl
- 1 TL Kurkumapulver
- 1 TL Backpulver
- 240 ml Sprudelwasser
- 240 ml Bier
- 600 g Naturtofu
- 6 Noriblätter
- 1 Zitrone
- Remoulade
- Salz und Pfeffer
- 500 ml Erdnussöl

Nährwertangaben pro Portion:

- Kalorien: 554 kcal
- Kohlenhydrate: 68 g
- Fett: 21 g
- Eiweiß: 18 g

Zubereitungszeit: 45 Minuten

Zubereitung:

1. Den Backofen auf 210 °C vorheizen. Ein Blech mit Backpapier auslegen.
2. Die Kartoffeln gut putzen und mit Olivenöl, Rosmarin und Salz vermengen. 30 Minuten im Ofen goldbraun backen.
3. Mehl, Kurkumapulver, Backpulver und etwas Salz mischen. Mit Bier und Wasser zu einem Teig verrühren.
4. Tofu und Noriblätter in ähnliche Stücke schneiden. Den Tofu mit Salz, Pfeffer, Dill und Zitronensaft würzen und mit den Algen belegen.
5. Das Erdnussöl in einem hohen Topf erhitzen. Den Tofu panieren und in dem heißen Öl frittieren. Anschließend auf Küchenpapier abtropfen lassen und mit Kartoffeln und Remoulade servieren.

81. Enchiladas

Zutaten für 4 Portionen:

- 6 Weizentortillas
- 1 Knoblauchzehe, gehackt
- 1 Zucchini
- 2 Paprika
- 1 Aubergine
- 1 Karotte
- 1 Dose gehackte Tomaten
- 1 Becher Schmand
- 200 g Käse, gerieben
- 1 Dose Mais
- 1 Dose Kidneybohnen
- Salz und Pfeffer
- Olivenöl
- Chilischoten, gehackt

Nährwertangaben pro Portion:

- Kalorien: 772 kcal
- Kohlenhydrate: 89 g
- Fett: 29 g
- Eiweiß: 32 g

Zubereitungszeit: 40 Minuten

Zubereitung:

1. Das Gemüse waschen und würfeln. Öl in einer Pfanne erhitzen und das Gemüse und den Knoblauch darin anbraten.
2. Die Dosentomaten hinzufügen und die Mischung mit Salz, Pfeffer und Chili abschmecken.
3. Den Backofen auf 200 °C vorheizen und eine Auflaufform einfetten.
4. Die Tortillas mit Sauce, etwas Schmand, Mais und Bohnen füllen und zusammenrollen. Anschließend in die Auflaufform legen, mit Schmand bestreichen und den Käse darüber streuen.
5. Im Ofen für 15–20 Minuten backen.

82. Shakshuka

Zutaten für 3 Portionen:

- 2 EL Olivenöl
- 2 Zwiebeln
- 3 Knoblauchzehen
- 2 rote Paprika
- 1 Chilischote
- 30 g Tomatenmark
- 2 Dosen gehackte Tomaten, mit Saft
- Salz und Pfeffer
- 1 EL Kreuzkümmel, gemahlen
- 1 EL Paprikapulver
- 6 Eier
- 1 Bund Petersilie, gehackt

Nährwertangaben pro Portion:

- Kalorien: 373 kcal
- Kohlenhydrate: 26g
- Fett: 21 g
- Eiweiß: 15 g

Zubereitungszeit: 45 Minuten

Zubereitung:

1. Zwiebeln und Knoblauch schälen und fein hacken. Die Paprika waschen und würfeln.
2. Öl in einer Pfanne erhitzen, Zwiebeln und Knoblauch darin anbraten. Etwas Chili und die Paprika hinzufügen und 5 Minuten anbraten.
3. Zuerst das Tomatenmark und danach die Dosentomaten hinzufügen. Mit Salz, Pfeffer, Kümmel und Paprikapulver abschmecken. Zugedeckt 30 Minuten köcheln lassen, sodass die Sauce leicht eindickt.
4. Etwas Petersilie hinzugeben. Mit einem Löffel sechs Vertiefungen in die Sauce drücken und die Eier darin aufschlagen.
5. Den Topf erneut abdecken, die Hitze reduzieren und die Eier 10 Minuten garen lassen. Zuletzt die restliche Petersilie darüberstreuen.

83. Kartoffelgratin

Zutaten für 4 Portionen:

- 500 g Kartoffeln
- 250 g Champignons, in Scheiben
- 1 rote Paprika, gewürfelt
- 2 Stangen Frühlingszwiebeln, gehackt
- 2 Knoblauchzehen, gehackt
- 250 ml Gemüsebrühe
- 200 g Schlagsahne
- 1 EL Kräuterbutter
- 3 EL Sonnenblumenöl
- 150 g Gouda, gerieben
- Salz und Pfeffer
- Oregano
- 1 Prise Muskatnuss, gerieben
- ¼ Bund Petersilie, gehackt

Nährwertangaben pro Portion:

- Kalorien: 501 kcal
- Kohlenhydrate: 27 g
- Fett: 34 g
- Eiweiß: 16 g

Zubereitungszeit: 45 Minuten

Zubereitung:

1. Die Kartoffeln putzen und ungeschält garen, sodass sie noch bissfest sind. Anschließend pellen und in Scheiben schneiden.
2. Das Öl in einer Pfanne erhitzen, die Frühlingszwiebeln und Knoblauchzehen zusammen mit der Kräuterbutter leicht anbraten. Paprika und Champignons hinzufügen sowie Salz, Pfeffer, Oregano und Petersilie einrühren.
3. Den Backofen auf 180 °C vorheizen und eine Auflaufform einfetten.
4. Die Gemüsemischung mit der Brühe ablöschen, anschließend mit Sahne aufkochen lassen. Etwas Gouda und Muskatnuss einrühren.
5. Kartoffeln in der Auflaufform verteilen und die Sauce darüber geben. Den Gouda darauf verstreuen und das Gratin 20 Minuten backen.

84. Ratatouille

Zutaten für 3 Portionen:

- 1 Aubergine
- 2 Zucchini
- 2 rote Paprika
- 2 gelbe Paprika
- 1 Dose Tomate, gehackt
- 1 Zwiebel
- 4 Knoblauchzehen
- 1 TL frischer Rosmarin, gehackt
- 1 EL frischer Thymian, gehackt
- 1 EL frischer Salbei, gehackt
- 2 EL Zucker
- 100 ml Olivenöl
- Salz und Pfeffer
- 100 g Tomatenmark

Nährwertangaben pro Portion:

- Kalorien: 509 kcal
- Kohlenhydrate: 40 g
- Fett: 33 g
- Eiweiß: 8 g

Zubereitungszeit: 45 Minuten

Zubereitung:

1. Das Gemüse waschen und würfeln. Zwiebel und Knoblauch schälen und fein hacken.
2. Salz auf die Aubergine streuen und nach etwa 10 Minuten leicht ausdrücken.
3. Das Olivenöl in einer großen Pfanne erhitzen. Zunächst die Zwiebelwürfel und Zucchini anbraten, dann die Paprika und schließlich die Aubergine hinzufügen. Die Mischung 5 Minuten garen.
4. Das Tomatenmark hinzufügen, dann Knoblauch, Kräuter, Tomaten und Zucker unterrühren. Mit Salz und Pfeffer abschmecken.
5. Die Hitze reduzieren und das Ratatouille weitere 20 Minuten köcheln lassen.

85. Maultaschen

Zutaten für 5 Portionen:

- 750 g Mehl
- 10 Eier
- 6 EL Wasser
- 2 Kaiserbrötchen
- Milch
- 750 g Blattspinat
- 1 Bund Petersilie
- 1 Bund Frühlingszwiebeln, gehackt
- 1 Bund Schnittlauch, gehackt
- 1 Bund Bärlauch, gehackt
- 300 g Ziegenfrischkäse
- Salz und Pfeffer
- 1 Prise Muskatnuss
- Olivenöl

Nährwertangaben pro Portion:

- Kalorien: 1024 kcal
- Kohlenhydrate: 127 g
- Fett: 36 g
- Eiweiß: 39 g

Zubereitungszeit: 40 Minuten, Ruhezeit: 1 Stunde

Zubereitung:

1. Mehl, sechs Eier, Wasser und eine Prise Salz vermengen und in Frischhaltefolie gewickelt eine Stunde ruhen lassen. Den Teig anschließend dünn ausrollen.
2. Die Brötchen stückeln und in etwas Milch aufweichen. Den Spinat waschen und kurz in einem Topf garen, anschließend abgießen und hacken.
3. Das Olivenöl in einem Topf erhitzen und die Frühlingszwiebeln sowie die Brötchenstücke darin anbraten. Die Mischung mit dem Spinat und dem Käse mischen. Anschließend 4 Eier sowie Salz, Pfeffer und Muskat dazugeben.
4. Die Füllung mit Abständen auf einer Hälfte des Teigs verteilen. Die andere Hälfte des Teigs darüberlegen und die Ränder schließen. Die einzelnen Maultaschen anschließend 10 Minuten in kochender Brühe garen.

86. Risotto mit Kürbis

Zutaten für 4 Portionen:

- 450 g Hokkaidokürbis, gewürfelt
- 1 Schalotte
- 1 Knoblauchzehe
- 2 EL Olivenöl
- 2 EL Butter
- 350 g Risottoreis
- 100 ml Weißwein
- 1 l Gemüsebrühe
- 1 Bund Frühlingszwiebeln
- 3 EL Crème fraîche
- 50 g Parmesan, gerieben
- Pfeffer
- ½ Packung Kresse

Nährwertangaben pro Portion:

- Kalorien: 415 kcal
- Kohlenhydrate: 44 g
- Fett: 18 g
- Eiweiß: 10 g

Zubereitungszeit: 35 Minuten

Zubereitung:

1. Schalotte und Knoblauch schälen und fein hacken.
2. Das Öl in einem Topf erhitzen und die Butter hinzufügen. Anschließend Knoblauch, Schalotten und Kürbis dazugeben. Den Reis hinzufügen und 5 Minuten lang garen, dann mit Wein ablöschen.
3. Nach Zugabe der Brühe den Reis weitere 20 Minuten köcheln lassen.
4. Die Frühlingszwiebeln waschen und stückeln. In den letzten 5 Minuten zum Reis hinzufügen. Crème fraîche, Parmesan und etwas Pfeffer einrühren. Zuletzt mit der Kresse garnieren.

87. Einfacher Flammkuchen

Zutaten für 3 Portionen:

- 1 rote Zwiebel
- 2 Stangen Frühlingszwiebeln
- 200 g Räuchertofu
- 200 g Schmand
- 6 Wraps
- Salz und Pfeffer

Nährwertangaben pro Portion:

- Kalorien: 666 kcal
- Kohlenhydrate: 74 g
- Fett: 27 g
- Eiweiß: 25 g

Zubereitungszeit: 20 Minuten

Zubereitung:

1. Den Ofen auf 180 °C vorheizen und Backpapier auf ein Backblech legen.
2. Die Zwiebel schälen, die Frühlingszwiebeln waschen und beides in dünne Ringe schneiden. Den Tofu klein würfeln. Den Schmand mit Salz und Pfeffer würzen.
3. Schmand auf den Wraps verteilen, anschließend mit Zwiebeln und Tofu belegen.
4. Die Wraps 10 Minuten lang backen, bis der Rand goldbraun und knusprig ist.

88. Kartoffeleintopf

Zutaten für 6 Portionen:

- 1 ½ kg Kartoffeln
- 2 Paprika
- 1 Zwiebel
- 3 Knoblauchzehen
- 2 EL Olivenöl
- 600 ml Gemüsebrühe
- 2 EL Paprikapulver
- 100 g Tomatenmark
- Salz und Pfeffer
- 1 Chilischote

Nährwertangaben pro Portion:

- Kalorien: 299 kcal
- Kohlenhydrate: 52 g
- Fett: 6 g
- Eiweiß: 7 g

Zubereitungszeit: 30 Minuten

Zubereitung:

1. Die Kartoffeln schälen. Die Paprika waschen und entkernen. Beides klein würfeln. Die Chilischote fein hacken.
2. Zwiebeln und Knoblauch schälen und fein hacken. Das Öl in einem Topf erhitzen und Zwiebeln, Chilischote sowie den Knoblauch leicht anbraten. Anschließend die Paprikawürfel und die Kartoffeln hinzufügen.
3. Mit der Brühe ablöschen, Paprikapulver und Tomatenmark einrühren und die Kartoffeln garen, bis sie weich sind. Mit Salz und Pfeffer abschmecken.

89. Linsen-Dal

Zutaten für 4 Portionen:

- 3 g Ingwer
- 2 Knoblauchzehen
- 2 EL Erdnussöl
- 250 g rote Linsen
- 1 TL Kreuzkümmel, gemahlen
- 2 TL Currypulver
- 400 ml Gemüsebrühe
- 200 g passierte Tomaten
- ½ Bund Koriandergrün
- Salz und Pfeffer
- 3 TL Zitronensaft

Nährwertangaben pro Portion:

- Kalorien: 310 kcal
- Kohlenhydrate: 42 g
- Fett: 6 g
- Eiweiß: 18 g

Zubereitungszeit: 25 Minuten

Zubereitung:

1. Ingwer und Knoblauch schälen und fein hacken. Das Öl in einem Topf erhitzen und den Ingwer und Knoblauch kurz darin anbraten. Linsen, Kreuzkümmel und Currypulver hinzufügen.
2. Mit der Brühe ablöschen, die passierten Tomaten hinzufügen und die Mischung auf mittlerer Stufe abgedeckt 11 Minuten garen, bis die Linsen weich sind.
3. Das Koriandergrün waschen und die Blätter hacken. Die Linsen mit Salz, Pfeffer und Zitronensaft würzen und mit Koriander garnieren.

90. Sushi

Zutaten für 4 Portionen:

- 250 g Sushireis
- 1 TL Rohrohrzucker
- ½ TL Meersalz
- 50 ml Reisessig
- 3 Eier
- 1 EL Milch
- Pflanzenöl
- 6 Noriblätter
- 1 Avocado, in Streifen
- 2 Karotten, in Streifen
- 1 rote Paprika, in Streifen
- 1 Salatgurke, in Streifen
- Sojasauce
- Wasabipaste
- Sushi-Ingwer

Nährwertangaben pro Portion:

- Kalorien: 443 kcal
- Kohlenhydrate: 58 g
- Fett: 16 g
- Eiweiß: 12 g

Zubereitungszeit: 35 Minuten

Zubereitung:

1. Den Reis nach Packungsanweisung garen.
2. Zucker, Salz und Essig in einem Topf erwärmen, bis sich die Kristalle auflösen. Die Mischung anschließend mit dem Reis vermengen.
3. Etwas Öl in einer Pfanne erhitzen und die Eier mit Milch verquirlt als Omelette zubereiten.
4. Die Noriblätter kurz in einer Pfanne ohne Fett rösten. Jeweils ein Blatt auf einer Sushimatte platzieren und Reis darauf verstreichen, sodass oben oder unten etwas Rand bleibt. Nach Belieben belegen und einrollen, den Rand dabei mit etwas Wasser verkleben. Die Rolle anschließend in Stücke schneiden.
5. Sojasauce, Wasabipaste und Ingwer in Schälchen dazu reichen.

91. Überbackene Auberginen

Zutaten für 3 Portionen:

- 3 Auberginen
- 100 g Grünkernschrot
- 250 ml Gemüsebrühe
- 1 Zwiebel, fein gehackt
- 250 g Champignons, in Scheiben
- 25 g Butter
- 2 Tomaten, gewürfelt
- 150 g Käse, gerieben
- Salz und Pfeffer

Nährwertangaben pro Portion:

- Kalorien: 387 kcal
- Kohlenhydrate: 34 g
- Fett: 16 g
- Eiweiß: 23 g

Zubereitungszeit: 35 Minuten

Zubereitung:

1. Den Grünkern in kochende Brühe geben, die Herdplatte ausschalten, den Deckel auf den Topf legen und den Schrot ohne weitere Hitze garen lassen.
2. Die Auberginen der Länge nach halbieren und das Fruchtfleisch bis auf einen 1 cm breiten Rand aushöhlen. Das Innere anschließend fein hacken.
3. Die Butter in einer Pfanne zerlassen und Zwiebeln, Pilze sowie die Auberginen 5 Minuten leicht anbraten.
4. Den Ofen auf 200 °C vorheizen und ein Blech mit Backpapier auslegen.
5. Den Grünkernschrot mit dem Gemüse 2 Minuten garen. Danach Tomaten, 50 g Käse sowie etwas Salz und Pfeffer einrühren.
6. Die Auberginen füllen und den übrigen Käse darauf verteilen. Im Ofen 20 Minuten lang überbacken.

92. Spaghetti „Carbonara“

Zutaten für 2 Portionen:

- 250 g Spaghetti
- 1 Zwiebel
- 1 Knoblauchzehe
- 80 g Räuchertofu
- 70 g Hartkäse, gerieben
- 1 Ei
- 70 g Sahne
- 1 EL Olivenöl
- Salz und Pfeffer

Nährwertangaben pro Portion:

- Kalorien: 667 kcal
- Kohlenhydrate: 54 g
- Fett: 35 g
- Eiweiß: 29 g

Zubereitungszeit: 45 Minuten

Zubereitung:

1. Salzwasser in einem Topf zum Kochen bringen und die Nudeln darin al dente garen. Anschließend in ein Sieb abgießen und abtropfen lassen.
2. Zwiebel und Knoblauch schälen und fein hacken. Tofu in kleine Würfel schneiden. Käse, Ei und Sahne mit Salz und Pfeffer vermengen.
3. Das Öl in einer Pfanne erhitzen und zunächst Zwiebeln und Tofu hinzufügen. Danach den Knoblauch und die Nudeln mitgaren. Die Sauce auf mittlerer Stufe unterrühren, bis eine cremige Konsistenz erreicht ist.

93. Gebackener Rosenkohl

Zutaten für 3 Portionen:

- 1 kg Rosenkohl
- 1 Zwiebel
- 2 TL Brühepulver
- 750 g Kartoffeln
- 100 g Schlagsahne
- Muskatnuss, gerieben
- Mandelblättchen
- Majoran
- Öl
- Salz und Pfeffer

Nährwertangaben pro Portion:

- Kalorien: 360 kcal
- Kohlenhydrate: 40g
- Fett: 14 g
- Eiweiß: 17 g

Zubereitungszeit: 60 Minuten

Zubereitung:

1. Den Rosenkohl waschen, den Strunk abschneiden und die Unterseite kreuzweise einritzen. Die Zwiebel schälen und fein hacken.
2. Öl in einem Topf erhitzen und den Kohl kurz anbraten. 200 ml Wasser hinzugeben und zum Kochen bringen. Das Brühepulver unterrühren, den Deckel auf den Topf setzen und den Kohl 10 Minuten garen.
3. Den Ofen auf 180 °C vorheizen.
4. Die Kartoffeln schälen und in grobe Streifen hobeln. Den Rosenkohl mit der Brühe in einer Auflaufform verteilen. Die Kartoffeln darauf schichten. Die Sahne mit Salz, Pfeffer und Muskatpulver mischen und zum Gemüse hinzufügen.
5. Die Mischung 40–45 Minuten backen. Zuletzt Mandelblättchen und Majoran darüberstreuen.

94. Nudeln mit Rotweinsauce

Zutaten für 4 Portionen:

- 2 TL Salz
- 1 l trockener Rotwein
- 400 g Spaghetti
- 4 rote Zwiebeln
- 2 Knoblauchzehen
- 12 Walnusskernhälften
- 4 Zweige Thymian
- 2 EL Olivenöl
- 2 EL Butter
- 1 rote Chilischote
- 80 g Parmesan, gerieben

Nährwertangaben pro Portion:

- Kalorien: 795,1 kcal
- Kohlenhydrate: 89 g
- Fett: 20 g
- Eiweiß: 24 g

Zubereitungszeit: 25 Minuten

Zubereitung:

1. Zwiebeln, Chilischote, Knoblauch sowie die Walnüsse fein hacken. Den Thymian waschen und die Blätter von den Zweigen lösen.
2. Das Olivenöl in einer Pfanne erhitzen und Zwiebeln, Knoblauch, Chili und Walnüsse 3 Minuten lang leicht anbraten. Danach den Rotwein hinzufügen und etwas köcheln lassen.
3. 1,5 l gesalzenes Wasser aufkochen lassen und die Spaghetti für 1–2 Minuten hineingeben, danach abgießen.
4. Die Spaghetti anschließend 8–10 Minuten lang in der Sauce garen, dabei regelmäßig rühren.
5. Thymian und Butter hinzufügen und zuletzt den Parmesan über die Nudeln streuen.

95. Tortilla

Zutaten für 4 Portionen:

- 1 Pck. Suppengrün
- 400 g Kartoffeln
- 8 Eier
- 10 g Butter
- 2 Zweige Oregano
- 200 g Kräuterquark
- Salz und Pfeffer

Nährwertangaben pro Portion:

- Kalorien: 301 kcal
- Kohlenhydrate: 19 g
- Fett: 16 g
- Eiweiß: 21 g

Zubereitungszeit: 30 Minuten

Zubereitung:

1. Den Backofen auf 175 °C vorheizen.
2. Das Gemüse waschen und in Stücke schneiden. Die Kartoffeln schälen und raspeln. Die Eier mit Kartoffeln, Gemüse, Salz und Pfeffer verrühren.
3. Die Butter in einer ofenfesten Pfanne zerlassen. Die Ei-Mischung in die Pfanne geben und im Ofen 20 Minuten lang garen.
4. Oregano waschen und die Blätter lösen. Die Tortilla auf einem Brett servieren und mit Oregano und Kräuterquark toppen.

96. Pilaw

Zutaten für 2 Portionen:

- 2 Zwiebeln, gehackt
- 1 Knoblauchzehe, gepresst
- 1 Chilischote
- 300 g Karotten, in Streifen
- 1 EL Butter
- 125 g Basmatireis
- 2 TL Tomatenmark
- 1 TL Kurkumapulver
- ½ TL Paprikapulver, edelsüß
- 2 Msp. Zimtpulver
- ½ TL Kreuzkümmel, gemahlen
- 500 ml Gemüsebrühe
- 2 EL Rosinen
- 2 EL Mandeln, ungeschält
- 3 Zweige Pfefferminze
- 150 g Joghurt
- ½ Bund Petersilie, gehackt
- 1 Zitrone

Nährwertangaben pro Portion:

- Kalorien: 526 kcal
- Kohlenhydrate: 75g
- Fett: 18 g
- Eiweiß: 14 g

Zubereitungszeit: 35 Minuten

Zubereitung:

1. Die Butter in einem Topf schmelzen lassen. Zwiebeln und Knoblauch darin glasig dünsten. Anschließend die Karotten hinzufügen und 2 Minuten lang garen. Den Reis sowie Tomatenmark, Kurkumapulver, Paprikapulver, Zimtpulver und Kreuzkümmel einrühren.
2. Mit der Brühe ablöschen, den Deckel auf den Topf legen und den Reis auf mittlerer Stufe 20 Minuten garen. Nach 15 Minuten die Rosinen hinzufügen.
3. Die Mandeln hacken und rösten. Die Minzblätter mit dem Joghurt mischen. Die Zitrone vierteln oder achteln.
4. Den Reis mit Salz und Pfeffer abschmecken. Mit Mandeln, Petersilie, Joghurt und Zitrone anrichten.

97. Nussbraten mit Selleriepüree

Zutaten für 5 Portionen:

- 300 g Nussmischung
- 100 g Sonnenblumenkerne
- 650 g Tomaten, gewürfelt
- 2 Zwiebeln, gehackt
- 3 Eier
- 1 TL Oregano
- 250 g Käse, gerieben
- ½ TL Chilipulver
- Olivenöl
- Salz und Pfeffer
- 1 Prise Muskatnuss
- 3 Knoblauchzehen, gehackt
- 2 Knollensellerie, gewürfelt

Nährwertangaben pro Portion:

- Kalorien: 872 kcal
- Kohlenhydrate: 23 g
- Fett: 68 g
- Eiweiß: 35 g

Zubereitungszeit: 80 Minuten

Zubereitung:

1. Den Ofen auf 180 °C vorheizen und eine Kastenform mit Backpapier auslegen.
2. Die Nüsse fein hacken und zusammen mit den Sonnenblumenkernen in einer Pfanne ohne Fett rösten.
3. Olivenöl in einer Pfanne erhitzen und eine Zwiebel darin glasig anbraten. Gebratene Zwiebeln, Tomaten, Eier, Kräuter, Käse und die Nüsse miteinander vermengen.
4. Die Mischung mit Salz, Pfeffer, Chilipulver und Oregano abschmecken. Anschließend in die Form geben und im Ofen 60 Minuten backen.
5. Für das Püree die andere Zwiebel und den Knoblauch mit etwas Öl in einem Topf anbraten. Sellerie und Gemüsebrühe hinzufügen und so lange garen,

bis er weich ist. Anschließend abgießen und pürieren. Mit Salz, Pfeffer sowie Muskatnuss abschmecken.

98. Ricottaknödel

Zutaten für 4 Portionen:

- 350 g mehligkochende Kartoffeln
- 150 g Ricotta
- 80 g Hartweizengrieß
- 2 Eier
- 1 Bund Basilikum
- 300 g Tomaten, gestückelt
- 1 Stange Frühlingszwiebel, gehackt
- 2 Knoblauchzehen, gehackt
- Olivenöl
- Salz und Pfeffer
- 1 Prise Zucker

Nährwertangaben pro Portion:

- Kalorien: 200 kcal
- Kohlenhydrate: 19g
- Fett: 9 g
- Eiweiß: 11 g

Zubereitungszeit: 35 Minuten

Zubereitung:

1. Die Kartoffeln schälen, würfeln und in kochendem Salzwasser weich garen. Mit einer Kartoffelpresse zerdrücken und mit Ricotta, 60 g Grieß, Eiern, Salz und Pfeffer vermengen.
2. Das Basilikum waschen, in Stückchen zupfen und unter den Teig mischen.
3. Öl in einer Pfanne erhitzen und die Frühlingszwiebel sowie den Knoblauch darin andünsten. Die Tomaten hinzufügen und 15 Minuten lang köcheln lassen, anschließend mit Salz, Pfeffer und Zucker würzen.
4. Den übrigen Grieß auf einer Arbeitsfläche verteilen, den Teig portionsweise darauflegen und zu Knödeln rollen.
5. Gesalzenes Wasser in einem Topf erhitzen und die Knödel bei geringer Hitze 12–15 Minuten lang garen. Warm mit der Sauce servieren.

99. „Gyros“ mit Zaziki

Zutaten für 3 Portionen:

- 150 g Sojaschnetzel
- 50 ml Sojasauce
- 3 EL Gemüsebrühepulver
- 3 Zwiebeln, in Ringen
- Salz und Pfeffer
- 1 TL Paprikapulver, rosenscharf
- Olivenöl
- 1 TL Oregano
- ½ TL Thymian
- 300 g Joghurt
- 200 ml Schmand
- 1 Salatgurke
- 3 Knoblauchzehen
- 3 Pita-Brote

Nährwertangaben pro Portion:

- Kalorien: 760 kcal
- Kohlenhydrate: 59 g
- Fett: 38 g
- Eiweiß: 39 g

Zubereitungszeit: 30 Minuten

Zubereitung:

1. Die Gurke in feine Streifen reiben und das Wasser herausdrücken. Den Knoblauch fein hacken oder pressen und mit Joghurt, Schmand und der Gurke vermengen. Mit Pfeffer und Salz würzen.
2. Die Schnetzel mit kochendem Wasser übergießen, das Brühepulver einrühren und 10 Minuten lang quellen lassen. Danach gut abtropfen lassen.
3. Olivenöl in einer Pfanne erhitzen und die Sojaschnetzel darin anbraten. Mit Sojasauce ablöschen und auf mittlerer Stufe weitergaren. Die Zwiebeln hinzufügen und das Gyros mit Oregano, Thymian und Paprikapulver würzen.
4. Die Pita-Brote nach Belieben rösten und mit Gyros und Zaziki füllen.

100. Gemüse-Polenta

Zutaten für 4 Portionen:

- 400 g Paprika
- 30 g blanchierte Mandeln
- 200 g Parmesan, gerieben
- 1 Knoblauchzehe, fein gehackt
- 50 ml Öl
- Salz und Pfeffer
- 800 g grüner Spargel
- 150 g Kalamata-Oliven, entsteint
- 500 ml Milch
- 600 ml Gemüsebrühe
- 1 EL Butter
- 250 g Polenta

Nährwertangaben pro Portion:

- Kalorien: 801 kcal
- Kohlenhydrate: 55g
- Fett: 48 g
- Eiweiß: 34 g

Zubereitungszeit: 50 Minuten

Zubereitung:

1. Den Ofen auf 220 °C vorheizen und ein Backblech mit Backpapier auslegen.
2. Die Paprika waschen, entkernen, in Viertel schneiden und im Ofen 15 Minuten rösten.
3. Währenddessen die Mandeln in einer ungefetteten Pfanne rösten, danach abkühlen lassen. Die Paprika häuten und mit 100 g Parmesan, Knoblauch, Mandeln und Öl pürieren. Zuletzt Salz und Pfeffer hinzugeben.
4. Die Spargelstangen waschen und die Endstücke entfernen. Anschließend in kochendes Salzwasser geben und 5 Minuten garen, danach abgießen. Brühe und Butter in einem Topf zum Kochen bringen. Die Polenta sowie 50 g Parmesan untermischen und 10 Minuten köcheln lassen. Beiseitestellen und 10 Minuten ruhen lassen. Oliven, Salz und Pfeffer hinzufügen.
5. Den Backofen auf 175 °C vorheizen und eine Auflaufform einfetten.
6. Abwechselnd die Polenta und den Spargel in der Form schichten. Den übrigen Parmesan darauf verteilen und im Ofen 15–20 Minuten backen. Die Paprikasauce zu der warmen Polenta servieren.

101. Sellerieschnitzel mit Aligot

Zutaten für 6 Portionen:

- 1 kg Kartoffeln
- 120 g Butter
- 180 g Crème fraîche
- 1 Knoblauchzehe, gepresst
- 400 g Tomme de Savoie
- 1 Sellerieknolle
- 1 l Gemüsebrühe
- 1 Ei
- 100 g Semmelbrösel
- 50 g Mehl
- Butterschmalz
- Salz und Pfeffer
- Paprikapulver, rosenscharf

Nährwertangaben pro Portion:

- Kalorien: 764 kcal
- Kohlenhydrate: 50g
- Fett: 49 g
- Eiweiß: 24 g

Zubereitungszeit: 45 Minuten

Zubereitung:

1. Kartoffeln und Sellerie schälen. Die Kartoffeln würfeln, den Sellerie in 1,5 cm dicke Scheiben schneiden.
2. Die Kartoffeln 20 Minuten lang in Salzwasser garen. Den Sellerie in der Gemüsebrühe 15 Minuten lang kochen. Beides anschließend abtropfen lassen.
3. Die Kartoffeln zerstampfen und Knoblauch, Crème fraîche und Butter unterrühren. Anschließend Tomme de Savoie, Salz und Pfeffer dazugeben. Warmhalten.
4. Die Selleriescheiben mit Salz, Pfeffer und Paprikapulver einreiben. Im Mehl, dann im Ei und zuletzt in den Semmelbröseln wenden.
5. Butterschmalz in einer Pfanne erhitzen und die Schnitzel darin braten. Zusammen mit dem Kartoffelbrei servieren.

102. Thai-Curry

Zutaten für 4 Portionen:

- 1 Zucchini
- 1 rote Paprika
- 2 Köpfe Pak Choi
- 2 Stangen Frühlingszwiebeln, in Ringen
- 2 Karotten
- 5 g Ingwer, fein gehackt
- 1 Knoblauchzehe, fein gehackt
- 400 ml Kokosnussmilch
- 1 TL grüne Currypaste
- Salz
- Kokosnussöl
- 1 Bio-Limette, geviertelt
- 4 Stiele Koriander, fein gehackt

Nährwertangaben pro Portion:

- Kalorien: 369 kcal
- Kohlenhydrate: 47 g
- Fett: 8 g
- Eiweiß: 14 g

Zubereitungszeit: 20 Minuten

Zubereitung:

1. Das Gemüse waschen. Die Zucchini in Spalten, den Pak Choi in Streifen und die Karotten in dünne Stifte schneiden. Die Paprika würfeln.

2. Etwas Kokosnussöl in einem Topf erhitzen und Ingwer, Knoblauch sowie die Currypaste darin anbraten. Die Karotten hinzufügen, mit der Kokosmilch aufgießen und 4 Minuten köcheln lassen.

3. Paprika, Frühlingszwiebeln und Pak Choi hinzufügen und eine weitere Minute köcheln lassen. Mit Salz würzen und mit Koriander und Limette anrichten.

103. Nasi Goreng

Zutaten für 4 Portionen:

- 250 g Vollkorn-Langkornreis
- 400 g Karotten, in Scheiben
- 400 g rote Paprika, in Streifen
- 500 g Zucchini, gestückelt
- 500 g Lauch, gestückelt
- 200 g Zwiebeln, in Streifen
- 4 Knoblauchzehen, fein gehackt
- 1 EL Ingwer, fein gehackt
- 50 g Erdnusskerne, gehackt
- 4 Eier
- 4 EL Sojasauce
- 6 EL Öl
- 4 TL Sambal Oelek
- 150 g TK-Erbsen
- Salz und Pfeffer

Nährwertangaben pro Portion:

- Kalorien: 751 kcal
- Kohlenhydrate: 77 g
- Fett: 36 g
- Eiweiß: 24 g

Zubereitungszeit: 35 Minuten

Zubereitung:

1. Den Reis mit 250 ml gesalzenem Wasser in einem Topf auf mittlerer Stufe aufkochen. Danach für 15 Minuten auf niedriger Stufe weitergaren.
2. Die Eier mit der Sojasauce und 2 Esslöffeln Wasser verrühren. Einen Esslöffel Öl in einer Pfanne erhitzen und Rühreier zubereiten.
3. Den Topf abdecken und den Reis ohne weitere Hitze 7 Minuten ziehen lassen.
4. Zwischenzeitlich das übrige Öl in der Pfanne erhitzen und das Gemüse inkl. Zwiebeln und Lauch 3 Minuten anbraten. Knoblauch und Ingwer hinzufügen. Die Hitze erhöhen und den Reis mit anbraten. Zuletzt Sambal Oelek, Ei und Erbsen dazugeben. Mit Salz und Pfeffer abschmecken und mit den Erdnüssen garnieren.

104. Ofenkartoffeln

Zutaten für 4 Portionen:

- 8 große Kartoffeln
- 4 TL Knoblauchöl
- 500 g Quark
- 4 EL Schmand
- 1 Bio-Limette
- 1 Knoblauchzehe
- 4 Stangen Frühlingszwiebeln
- Salz und Pfeffer
- Tabasco
- 1 Prise Zucker

Nährwertangaben pro Portion:

- Kalorien: 342 kcal
- Kohlenhydrate: 44 g
- Fett: 8 g
- Eiweiß: 20 g

Zubereitungszeit: 70 Minuten

Zubereitung:

1. Die Kartoffeln waschen und mit einer Gabel gleichmäßig Löcher hineinstechen. Anschließend einzeln auf Alufolie legen, mit dem Knoblauchöl bestreichen und leicht salzen. In Alufolie gehüllt im Ofen bei 200 °C eine Stunde lang backen.

2. Limette waschen, die Hälfte der Schale abreiben und die ganze Frucht auspressen. Die Frühlingszwiebeln waschen und in Ringe schneiden, den Knoblauch schälen und fein hacken. Mit den weiteren Zutaten verrühren, mit Salz und Pfeffer würzen und zu den warmen Kartoffeln servieren.

105. Calzone

Zutaten für 4 Portionen:

- 1 Pck. Pizzateig
- 250 g Mozzarella
- 250 g vegetarische Salami
- 1 TL Oregano
- 2 Knoblauchzehen
- 8 Pepperonischoten, aus dem Glas
- ½ Bund Basilikum
- Olivenöl
- Salz und Pfeffer
- 8 EL Tomatensauce
- Olivenöl

Nährwertangaben pro Portion:

- Kalorien: 648 kcal
- Kohlenhydrate: 52 g
- Fett: 58 g
- Eiweiß: 39 g

Zubereitungszeit: 35 Minuten

Zubereitung:

1. Den Ofen auf 190 °C vorheizen und ein Backblech mit Backpapier auslegen.
2. Die Peperoni abtropfen lassen, halbieren, sorgfältig entkernen und in Ringe schneiden. Den Knoblauch schälen und fein hacken. Das Basilikum waschen und die Blätter in Stücke zupfen.
3. Die Sauce nach Belieben mit Oregano, Salz und Pfeffer würzen.
4. Den Pizzateig ausrollen und vierteln. Jeweils eine Hälfte mit Sauce bestreichen und belegen. Die andere Hälfte darüberlegen, den Rand umschlagen und andrücken. Zuletzt mit etwas Olivenöl bestreichen und im Ofen 25 Minuten lang backen.

106. Nudeln mit Gorgonzola

Zutaten für 4 Portionen:

- 500 g Vollkorn-Spaghetti
- 1 Knoblauchzehe
- 1 EL Olivenöl
- 200 g Gorgonzola
- 100 g Schlagsahne
- Salz und Pfeffer
- 200 ml Gemüsebrühe

Nährwertangaben pro Portion:

- Kalorien: 682 kcal
- Kohlenhydrate: 77 g
- Fett: 29 g
- Eiweiß: 27 g

Zubereitungszeit: 25 Minuten

Zubereitung:

1. Spaghetti in Salzwasser nach Packungsanleitung garen, sodass sie noch etwas Biss haben.
2. Währenddessen den Knoblauch abziehen und fein hacken. Den Gorgonzola in Stücke schneiden. Öl in einer Pfanne erhitzen und den Knoblauch darin kurz anbraten.
3. Mit Sahne und Brühe ablöschen und den Gorgonzola hinzufügen. Auf mittlerer Stufe 5 Minuten köcheln lassen. Die Spaghetti dazugeben und mit Salz und Pfeffer würzen.

107. Labskaus

Zutaten für 4 Portionen:

- 800 g mehligkochende Kartoffeln
- 800 ml Gemüsebrühe
- ½ TL Kümmel
- 250 g Zwiebeln
- 6 EL Olivenöl
- 250 g Rote Bete, aus dem Glas
- 1 EL Kapern
- 100 g Senfgurken
- Salz und Pfeffer
- 4 Eier
- 2 Zweige Dill
- 8 Cornichons

Nährwertangaben pro Portion:

- Kalorien: 471 kcal
- Kohlenhydrate: 44 g
- Fett: 26 g
- Eiweiß: 10 g

Zubereitungszeit: 30 Minuten

Zubereitung:

1. Die Brühe in einem Topf zum Kochen bringen und den Kümmel hinzufügen. Die Kartoffeln schälen, würfeln und weich garen.
2. Währenddessen die Zwiebeln schälen und fein hacken. 4 Esslöffel Öl in einem Topf erhitzen und die Zwiebeln darin anbraten. Rote Bete, Kapern und Essiggurken fein hacken und kurz mit den Zwiebeln anbraten.
3. Die Kartoffeln abgießen und zu Stampf verarbeiten. Rote Bete hinzufügen und alles mit Salz und Pfeffer würzen.
4. Den Dill waschen und hacken. Die Cornichons gefächert aufschneiden.
5. Das restliche Öl in einer Pfanne erhitzen und Spiegeleier darin zubereiten. Anschließend über den Kartoffelstampf legen. Mit Dill und Cornichons garnieren.

108. Kichererbsen-Curry

Zutaten für 4 Portionen:

- 530 g Kichererbsen
- 2 Zwiebeln
- 1 Knoblauchzehe
- 1 Chilischote
- 2 EL Öl
- 1 TL rote Currypaste
- 1 Dose gestückelte Tomaten
- 400 ml Kokosnussmilch
- 300 g TK-Erbsen
- Salz
- Kreuzkümmel, gemahlen

Nährwertangaben pro Portion:

- Kalorien: 310 kcal
- Kohlenhydrate: 37 g
- Fett: 10 g
- Eiweiß: 16 g

Zubereitungszeit: 25 Minuten

Zubereitung:

1. Zwiebeln und Knoblauch schälen und fein hacken. Die Chilischote waschen, halbieren, entkernen und fein hacken.
2. Das Öl in einem Topf erhitzen und Zwiebeln, Knoblauch sowie die Chilischote darin anbraten. Currypaste, Tomaten und Kichererbsen hinzufügen. Mit der Kokosmilch aufgießen, zum Kochen bringen und 10 Minuten köcheln lassen.
3. Die Erbsen unterrühren und 3 Minuten lang garen. Zuletzt mit Salz und Kreuzkümmel würzen.

109. Schupfnudeln mit Sauerkraut

Zutaten für 4 Portionen:

- 5 EL Butterschmalz
- 500 g Schupfnudeln
- 350 g Sauerkraut
- 1 Zwiebel
- 1 Apfel
- Weißwein
- 2 Prisen Zucker
- Salz und Pfeffer

Nährwertangaben pro Portion:

- Kalorien: 373 kcal
- Kohlenhydrate: 48 g
- Fett: 14 g
- Eiweiß: 5 g

Zubereitungszeit: 40 Minuten

Zubereitung:

1. 4 Esslöffel Butterschmalz in einer Pfanne erhitzen und die Schupfnudeln darin knusprig braten.
2. Apfel und Zwiebel schälen. Den Apfel entkernen und würfeln, die Zwiebel fein hacken.
3. In einem Topf einen Esslöffel Schmalz erhitzen. Zwiebel- und Apfelstückchen darin andünsten und den Zucker darüberstreuen. Das Sauerkraut hinzufügen und kurz anbraten. Danach mit etwas Weißwein ablöschen und 20 Minuten köcheln lassen.
4. Schnupfnudeln und Sauerkraut vermengen und mit Salz und Pfeffer abschmecken.

110. Würzige Pfannkuchen

Zutaten für 4 Portionen:

- 2 Eier
- 250 ml Milch
- 150 ml Sprudelwasser
- 200 g Dinkelmehl, Type 630
- 1 Salatgurke
- 150 g griechischer Joghurt
- Salz und Pfeffer
- 7 EL Sonnenblumenöl
- 2 EL Petersilie, gehackt
- 2 Knoblauchzehen
- 150 g Feta
- 1 Aubergine
- 1 Zucchini
- 100 g Baby-Spinat

Nährwertangaben pro Portion:

- Kalorien: 645 kcal
- Kohlenhydrate: 44g
- Fett: 41 g
- Eiweiß: 19 g

Zubereitungszeit: 35 Minuten

Zubereitung:

1. Eier, Milch, Wasser, Mehl, 3 Esslöffel Öl und eine Prise Salz miteinander vermengen. Den Teig anschließend 15 Minuten ruhen lassen.
2. Gurke waschen und fein raspeln. Knoblauch schälen und fein hacken. Den Feta ebenfalls zerkleinern. Alles mit Joghurt, Salz, Pfeffer und der Petersilie vermengen.
3. Aubergine und Zucchini waschen und in Scheiben schneiden. 2 Esslöffel Öl in einer Pfanne erhitzen und die Aubergine und Zucchini darin anbraten.
4. Den Spinat waschen und trockenschleudern. 2 Esslöffel Öl in einer großen Pfanne erhitzen und die Pfannkuchen darin backen. Die Pfannkuchen mit der Creme und dem Gemüse belegen und zusammenrollen.

111. Blaukraut mit Back-Camembert

Zutaten für 4 Portionen:

- 2 Schalotten
- 2 Äpfel
- 5 EL Öl
- 720 ml Blaukraut, aus dem Glas
- 50 g Wildpreiselbeeren
- ½ TL Zimtpulver
- 60 ml Wasser
- 2 Eier
- 50 g Semmelbrösel
- 2 Stück Camembert
- Salz

Nährwertangaben pro Portion:

- Kalorien: 403 kcal
- Kohlenhydrate: 30g
- Fett: 25 g
- Eiweiß: 9 g

Zubereitungszeit: 35 Minuten

Zubereitung:

1. Die Schalotten schälen und fein hacken. Die Äpfel schälen, entkernen und in Würfel schneiden.
2. Einen Esslöffel Öl in einem Topf erhitzen. Schalotten und Äpfel darin 2 Minuten lang andünsten. Blaukraut, Preiselbeeren, Zimt und Salz hinzufügen. Mit dem Wasser aufgießen und bei mittlerer Hitze 20 Minuten köcheln lassen.
3. Den Camembert halbieren und anschließend mit Ei und Semmelbröseln panieren. 4 Esslöffel Öl in einer Pfanne erhitzen und den Camembert darin knusprig anbraten.

112. Buchweizen mit Gemüse

Zutaten für 4 Portionen:

- 200 g Buchweizen
- 400 ml Gemüsebrühe
- 1 Schalotte
- 1 Knoblauchzehe
- 200 g Blattspinat
- 1 gelbe Paprika
- 1 rote Paprika
- 200 g Kirschtomaten
- 1 EL Rapsöl
- Salz und Pfeffer
- 1 TL Paprikapulver, edelsüß

Nährwertangaben pro Portion:

- Kalorien: 258 kcal
- Kohlenhydrate: 50 g
- Fett: 4 g
- Eiweiß: 9 g

Zubereitungszeit: 30 Minuten

Zubereitung:

1. Die Gemüsebrühe zum Kochen bringen, den Buchweizen dazugeben und auf mittlerer Stufe garen.
2. Schalotte und Knoblauch abziehen und fein hacken. Das Gemüse waschen. Die Paprika in Streifen schneiden, die Tomaten halbieren und die Stiele des Spinats abschneiden.
3. Öl in einer Pfanne erhitzen. Zunächst Schalotten und Paprika darin andünsten. Spinat und Knoblauch ebenfalls leicht andünsten, anschließend den Buchweizen und die Tomaten hinzufügen. Zuletzt Salz, Pfeffer und Paprikapulver untermischen.

113. Quinoa-Bowl

Zutaten für 4 Portionen:

- 530 g Kichererbsen
- 250 g Quinoa
- 1 Knoblauchzehe, fein gehackt
- 2 Bio-Zitronen
- 3 EL Gemüsebrühe
- 3 EL Olivenöl
- 1 EL Tahin
- ½ TL Kreuzkümmel
- Salz und Pfeffer
- 2 gelbe Paprika
- 400 g Kirschtomaten
- 1 Salatgurke
- 190 g Kalamata-Oliven, entsteint
- 1 EL Sesamsamen
- 3 EL Petersilie, gehackt

Nährwertangaben pro Portion:

- Kalorien: 724 kcal
- Kohlenhydrate: 71 g
- Fett: 38 g
- Eiweiß: 20 g

Zubereitungszeit: 30 Minuten

Zubereitung:

1. Die Quinoa nach Packungsanweisung zubereiten.
2. Die Zitronen heiß waschen. Eine Zitrone auspressen, die andere vierteln. 265 g Kichererbsen, Knoblauch, Zitronensaft, Öl, Brühe, Tahin und Kreuzkümmel pürieren. Anschließend salzen und pfeffern.
3. Das Gemüse waschen. Die Paprika in Streifen schneiden, die Tomaten halbieren. Die Gurke in dünne Streifen hobeln.
4. Die Sesamsamen in einer Pfanne ohne Fett anrösten. Quinoa nach Belieben mit den weiteren Zutaten in Schüsseln servieren. Mit Hummus, Sesamsamen, Zitronenviertel und Petersilie abrunden.

114. Pad Thai

Zutaten für 4 Portionen:

- ½ weißer Rettich
- 2 EL Zucker
- 2 EL Essig
- 4 EL Rote-Bete-Saft
- 1 TL Salz
- 200 g Reisnudeln
- 200 g Tofu
- 1 Karotte
- 1 Bund Frühlingszwiebeln
- 50 g Mungobohnensprossen
- 50 g Zuckerschoten
- 50 g Brokkoli
- 4 EL Erdnussöl
- ½ Bund Koriander, gehackt
- 50 g Erdnüsse, gehackt
- 1 Limette
- Sojasauce

Nährwertangaben pro Portion:

- Kalorien: 391 kcal
- Kohlenhydrate: 57 g
- Fett: 10 g
- Eiweiß: 13 g

Zubereitungszeit: 35 Minuten, Ruhezeit: 1 Stunde

Zubereitung:

1. Wasser, Essig, Rote-Bete-Saft und Salz in einem Topf erhitzen und den Zucker darin auflösen. Den Rettich schälen, fein hobeln und für mindestens eine Stunde einlegen.
2. Die Nudeln eine halbe Stunde im warmen Wasser quellen lassen.
3. Karotte, Frühlingszwiebeln und Brokkoliröschen waschen. Die Karotte in Scheiben und die Frühlingszwiebeln in Ringe schneiden. Den Brokkoli vierteln. Die Limette in Spalten schneiden.
4. Das Erdnussöl in einer Pfanne erhitzen. Zunächst den Tofu anbraten, dann das Gemüse 6 Minuten lang mitgaren und zuletzt die Nudeln untermischen. Etwas Sojasauce dazugeben. Mit Limette, Sprossen, Erdnüssen, Koriander und Rettich anrichten.

115. Bohnen-Eintopf

Zutaten für 4 Portionen:

- 1 EL Olivenöl
- 50 g rote Zwiebel, gehackt
- 30 g Karotte, gewürfelt
- 30 g Stangensellerie, in Ringe
- 1 Knoblauchzehe, gepresst
- ½ Bird's-Eye-Chilischote, fein gehackt
- 1 TL Kräuter der Provence
- 200 ml Gemüsebrühe
- 400 g gestückelte Tomaten
- 1 TL Tomatenmark
- 200 g Bohnen, aus der Dose
- 50 g Grünkohl, gehackt
- Petersilie, gehackt
- 40 g Buchweizen

Nährwertangaben pro Portion:

- Kalorien: 152 kcal
- Kohlenhydrate: 21 g
- Fett: 4 g
- Eiweiß: 6 g

Zubereitungszeit: 45 Minuten

Zubereitung:

1. Das Öl in einen Topf geben und bei mittlerer Hitze Zwiebel, Karotte, Sellerie, Knoblauch, Chili und Kräuter anbraten.
2. Brühe, Tomaten und Tomatenmark hinzufügen und zum Kochen bringen.
3. Bohnen hinzugeben und 30 Minuten köcheln lassen.
4. Grünkohl hinzufügen und weitere 5–10 Minuten kochen lassen, bis die Bohnen weich sind. Die Petersilie dazugeben.
5. Den Buchweizen nach Packungsanweisung garen, abgießen und mit dem Eintopf servieren.

116. Ofengemüse

Zutaten für 4 Portionen:

- 350 g Zucchini
- 350 g Tomaten
- 200 g Zwiebeln
- 350 g Champignons
- 400 g Kartoffeln
- 350 g Paprika
- 350 g Aubergine
- 2 Knoblauchzehen, fein gehackt
- 80 ml Olivenöl
- Salz und Pfeffer
- ½ TL Rosmarin
- 1 TL Kräuter der Provence
- ½ TL Thymian

Nährwertangaben pro Portion:

- Kalorien: 356 kcal
- Kohlenhydrate: 32g
- Fett: 20 g
- Eiweiß: 9 g

Zubereitungszeit: 45 Minuten

Zubereitung:

1. Den Ofen auf 180 °C vorheizen und ein Backblech mit Backpapier auslegen.
2. Kartoffeln und Zwiebeln schälen. Die Champignons putzen. Zucchini, Tomaten, Paprika und Aubergine waschen.
3. Kartoffeln, Tomaten und Zwiebeln in Spalten schneiden. Das übrige Gemüse bis auf die Pilze in Scheiben schneiden. Alle Zutaten in einer großen Schüssel mischen.
4. Zunächst die Kartoffeln etwa 30 Minuten lang im Ofen backen. Nach etwa 15 Minuten Garzeit die Aubergine hinzufügen. Zwischendurch wenden.
5. 15 Minuten später das restliche Gemüse dazugeben.

117. Gulasch aus Seitan

Zutaten für 4 Portionen:

- 2 Zwiebeln
- 2 rote Paprika
- 300 g Seitan
- 3 EL Öl
- 2 EL Tomatenmark
- 2 EL Agavendicksaft
- 2 Knoblauchzehen, fein gehackt
- 2 Dosen gestückelte Tomaten
- 400 ml Gemüsebrühe
- 2 TL Kümmel, gemahlen
- 1 TL Paprikapulver, edelsüß
- 2 TL Majoran, getrocknet
- Salz und Pfeffer
- 1 EL Petersilie, gehackt

Nährwertangaben pro Portion:

- Kalorien: 406 kcal
- Kohlenhydrate: 39 g
- Fett: 15 g
- Eiweiß: 26 g

Zubereitungszeit: 30 Minuten

Zubereitung:

1. Zwiebeln abziehen und grob würfeln. Die Paprika waschen und in Streifen schneiden. Den Seitan ebenfalls würfeln.
2. Das Öl in einem Topf erhitzen. Zwiebeln, Paprika und Seitan darin auf mittlerer Stufe 8 Minuten lang anbraten.
3. Unter Zugabe von Tomatenmark und Agavendicksaft leicht karamellisieren lassen. Knoblauch und Tomaten hinzufügen und mit der Brühe aufgießen.
4. Die Gewürze hinzufügen und das Gulasch weitere 8–10 Minuten garen. Zuletzt mit der Petersilie garnieren.

Süßspeisen und Desserts

118. Limetten-Kuchen

Zutaten für 12 Portionen:

- 200 g Butterkekse
- 120 g geschmolzene Butter
- 8 Bio-Limetten
- 400 g gesüßte Kondensmilch
- 3 Eigelb
- 240 ml gekühlte Sahne
- 1 Pck. Sahnesteif
- 1 EL Zucker

Nährwertangaben pro Portion:

- Kalorien: 358 kcal
- Kohlenhydrate: 32 g
- Fett: 22 g
- Eiweiß: 5 g

Zubereitungszeit: 35 Minuten, Ruhezeit: 4 Stunden

Zubereitung:

1. Den Ofen auf 180 °C vorheizen und eine Springform mit Backpapier auslegen.
2. Die Butterkekse in einen Gefrierbeutel füllen und mit einem Nudelholz zerbröseln, danach mit der Butter vermengen und in der Form andrücken. Kühlstellen.
3. Die Limetten heiß waschen. Eine Limette abreiben und etwa 4 Limetten zu 130 ml Saft auspressen. Abrieb und Saft mit der Kondensmilch und dem Eigelb mischen und in die Form füllen.
4. Den Kuchen anschließend 15 Minuten lang im Ofen backen. Danach etwa 4 Stunden kühlstellen.
5. Z Zucker mit dem Sahnesteif vermengen. Sahne und Sahnesteif steif schlagen und auf dem Kuchen verstreichen. Die übrigen Limetten in Spalten oder Scheiben schneiden und den Kuchen damit garnieren.

119. Whoopie-Pies

Zutaten für 14 Portionen:

- 100 g weiche Butter
- 130 g Puderzucker
- 1 Ei
- 100 ml Buttermilch
- 1 TL flüssige rote Lebensmittelfarbe
- 190 g Mehl
- 1 EL Kakaopulver
- 1 ½ TL Backpulver
- 180 g Quark
- Abgeriebene Schale einer Bio-Zitrone
- 1 EL Zitronensaft

Nährwertangaben pro Portion:

- Kalorien: 167 kcal
- Kohlenhydrate: 20 g
- Fett: 7 g
- Eiweiß: 3 g

Zubereitungszeit: 25 Minuten

Zubereitung:

1. Den Backofen auf 160 °C vorheizen und ein Backblech mit Backpapier auslegen.
2. Butter und 100 g Puderzucker mit einem Handrührgerät schaumig rühren. Nach und nach Ei, Buttermilch und Lebensmittelfarbe untermischen.
3. Mehl, Kakao und Backpulver vermengen und zu der Buttermischung geben.
4. Den Teig in einen Spritzbeutel füllen. Je Blech etwa 14 Portionen Teig auftragen, sodass ausreichend Abstand vorhanden ist. Auf der mittleren Schiene 15 Minuten backen, anschließend abkühlen lassen.
5. Quark mit 30 g Puderzucker, Zitronenschale und Zitronensaft mischen. Jeweils eine Küchleinhälfte mit der Füllung bestreichen und eine zweite Hälfte als Deckel darauflegen.

120. Dalgona-Kaffee

Zutaten für 2 Portionen:

- 2 EL Instantkaffee
- 2 EL Zucker
- 2 EL heißes Wasser
- 1 EL Kakaopulver
- 300–400 ml Milch
- Eiswürfel

Nährwertangaben pro Portion:

- Kalorien: 208 kcal
- Kohlenhydrate: 4 g
- Fett: 8 g
- Eiweiß: 7 g

Zubereitungszeit: 10 Minuten

Zubereitung:

1. Den Kaffee mit Zucker und Wasser in eine Schüssel füllen. Mit einem Handrührgerät schaumig schlagen. Anschließend das Kakaopulver unterrühren.
2. Gläser mit der Milch füllen, sodass zum Rand etwas Abstand bleibt. Nach Belieben Eiswürfel hineingeben. Zuletzt den Kaffeeschaum auf die Gläser verteilen.

121. Fanta-Kuchen

Zutaten für 18 Portionen:

- 350 g Mehl
- 1 Pck. Backpulver
- 250 g Zucker
- 1 Pck. Vanillezucker
- 1 Prise Salz
- 5 Eier
- 200 ml Orangen-Limonade
- 130 ml Öl
- 250 g Puderzucker
- 6 EL Orangen-Limonade
- Zuckerperlen

Nährwertangaben pro Portion:

- Kalorien: 270 kcal
- Kohlenhydrate: 44 g
- Fett: 8 g
- Eiweiß: 3 g

Zubereitungszeit: 30 Minuten

Zubereitung:

1. Den Backofen auf 170 °C vorheizen und ein tiefes Backblech einfetten.
2. Mehl und Backpulver in einer Rührschüssel miteinander vermengen. Zucker, Vanillezucker, Salz, Eier, 200 ml Limonade und Öl hinzufügen und den Teig 2 Minuten lang mit dem Rührgerät mischen. Anschließend auf dem Blech verteilen und 20 Minuten backen.
3. Den Puderzucker mit 6 Esslöffeln Limonade vermengen und die Glasur auf dem abgekühlten Kuchen verteilen. Mit Zuckerperlen dekorieren.

122. Lebkuchen

Zutaten für 8 Portionen:

- 350 g Mehl
- 300 g Zucker
- 100 g Haselnusskerne, gemahlen
- 1 Pck. Backpulver
- 1 Pck. Vanillezucker
- 3 TL Lebkuchengewürz
- 2 EL Kakaopulver
- 150 g Mandeln, gemahlen
- 1 TL Nelken, gemahlen
- 150 g Butter
- 4 EL Honig
- 250 ml Milch
- 4 Eier

Nährwertangaben pro Portion:

- Kalorien: 753 kcal
- Kohlenhydrate: 82 g
- Fett: 37 g
- Eiweiß: 14 g

Zubereitungszeit: 25 Minuten

Zubereitung:

1. Den Backofen auf 200 °C vorheizen und ein Backblech mit Backpapier auslegen.
2. Die trockenen Zutaten in einer Rührschüssel vermengen.
3. Butter und Honig in einem Topf zerlassen und in die Rührschüssel geben. Anschließend Milch und Eier untermischen und den Teig verrühren.
4. Den Teig auf dem Blech verstreichen und 15 Minuten lang backen. Danach abkühlen lassen und in Rechtecke schneiden.

123. Fenster-Kekse

Zutaten für 12 Portionen:

- 240 g Mehl
- ¼ TL Salz
- ½ TL Backpulver
- 115 g weiche Süßrahmbutter
- 215 g Zucker
- 1 Pck. Vanillezucker
- 2 kleine Eier
- 30 Bonbons, durchsichtig
- Ausstechförmchen, zwei verschiedene Größen

Nährwertangaben pro Portion:

- Kalorien: 277 kcal
- Kohlenhydrate: 44 g
- Fett: 9 g
- Eiweiß: 3 g

Zubereitungszeit: 35 Minuten, Ruhezeit: 45 Minuten

Zubereitung:

1. Butter, Vanillezucker und Zucker mit einem Handrührgerät 3 Minuten lang verrühren. Danach die Eier untermischen.
2. Mehl, Backpulver und Salz vermengen und zu der Butter geben. Den Teig anschließend 45 Minuten lang kühlen.
3. Den Ofen auf 160 °C vorheizen und ein Backblech mit Backpapier auslegen.
4. Den Teig auf einer leicht bemehlten Arbeitsfläche ausrollen. Zunächst mit dem größeren Förmchen ausstechen, dann nochmals mittig mit dem kleineren Förmchen. Die Bonbons in einen Gefrierbeutel legen, gut verschließen und mit einem Nudelholz oder Fleischklopfer zu Bröseln verarbeiten.
5. Die Kekse auf das Blech legen und die Bonbonstückchen in den Aussparungen verteilen. Anschließend 10–12 Minuten backen.

124. Panna Cotta

Zutaten für 3 Portionen:

- 200 g Sahne
- 1 Vanilleschote
- 2 EL Honig
- 200 g Joghurt
- 100 ml Sauerkirschsaft
- 20 g Sauerkirschen
- 4 TL Agar-Agar
- 100 g Zartbitter-Raspelschokolade

Nährwertangaben pro Portion:

- Kalorien: 491 kcal
- Kohlenhydrate: 41 g
- Fett: 30 g
- Eiweiß: 10 g

Zubereitungszeit: 15 Minuten, Ruhezeit: 30 Minuten

Zubereitung:

1. Die Vanilleschote sorgfältig auskratzen. Sahne, Honig, Saft, Vanilleschote und Vanillemark in einen Topf geben und alles aufkochen lassen. Die Sauerkirschen gut abtropfen lassen.
2. Die Mischung 10 Minuten köcheln lassen. Danach das Agar-Agar einrühren. Nachdem die Masse abgekühlt ist, können der Joghurt und die Kirschen hinzugefügt werden. Das Dessert in Schälchen oder Gläser füllen und für mindestens 30 Minuten im Kühlschrank fest werden lassen.
3. Mit der Raspelschokolade bestreuen.

125. Gebackene Ananas

Zutaten für 4 Portionen:

- 1 Ananas
- 300 g Weizenmehl, Type 405
- 500 ml Milch
- 75 g Puderzucker
- 4 Eier
- 500 ml Sonnenblumenöl
- 4 EL Kokosnussraspeln

Nährwertangaben pro Portion:

- Kalorien: 878 kcal
- Kohlenhydrate: 94 g
- Fett: 45 g
- Eiweiß: 17 g

Zubereitungszeit: 25 Minuten

Zubereitung:

1. Die Ananas schälen, die Frucht in Scheiben schneiden und den Strunk herausstechen.
2. Mehl mit Milch und Zucker verrühren, anschließend die Eier untermischen. Das Öl in einem hohen Topf auf mittlerer Stufe erhitzen.
3. Die Ananas zunächst mit Mehl bedecken und dann mit dem Teig umhüllen. Die Ringe nacheinander 6 Minuten lang in dem Öl ausbacken.
4. Mit Puderzucker und Kokosnussraspeln bestreuen.

126. Zitronen-Mousse

Zutaten für 10 Portionen:

- 11 Bio-Zitronen
- 125 g Schlagsahne
- 250 g Quark
- 150 g Crème fraîche
- 2 Pck. Vanillezucker

Nährwertangaben pro Portion:

- Kalorien: 136 kcal
- Kohlenhydrate: 4g
- Fett: 11 g
- Eiweiß: 3 g

Zubereitungszeit: 20 Minuten

Zubereitung:

1. Die Zitronen heiß abwaschen. Eine Zitrone abreiben und auspressen, die übrigen Zitronen ausschaben.
2. Die Sahne steif schlagen. Den Quark mit Crème fraîche vermengen und Vanillezucker, Zitronenabrieb und Zitronensaft einrühren.
3. Die Mousse mithilfe eines Spritzbeutels in die Zitronenschalen füllen und mit Sahne garnieren.

127. Crumble mit Äpfeln und Birnen

Zutaten für 6 Portionen:

- 3 Äpfel
- 3 Birnen
- 2 EL Zitronensaft
- 1 TL Zimtpulver
- 160 g brauner Zucker
- 100 g Mehl
- 1 EL Zitronenabrieb
- 60 g warme Butter
- 200 g Schlagsahne
- 1 TL Vanillezucker

Nährwertangaben pro Portion:

- Kalorien: 407 kcal
- Kohlenhydrate: 57g
- Fett: 17 g
- Eiweiß: 3 g

Zubereitungszeit: 45 Minuten

Zubereitung:

1. Den Ofen auf 200 °C vorheizen und eine Auflaufform einfetten.
2. Das Obst schälen, entkernen und würfeln. In der Auflaufform verteilen und Zitronensaft, Zimt und 60 g Zucker dazugeben.
3. 100 g Zucker, Mehl und Zitronenschale vermengen, Butter zugeben und zu Streuseln verkneten. Diese ebenfalls in der Auflaufform verteilen.
4. Für 30 Minuten auf mittlerer Schiene backen. Die Sahne mit dem Vanillezucker steif schlagen und den Crumble damit servieren.

128. Cantuccini

Zutaten für 12 Portionen:

- 500 g Mehl
- 350 g Zucker
- 3 cl Orangenlikör
- 4 Eier
- 150 g weiche Butter
- Abgeriebene Schale einer Bio-Zitrone
- 1 Prise Salz
- 1 Pck. Vanillezucker
- 300 g Mandeln, ungeschält

Nährwertangaben pro Portion:

- Kalorien: 544 kcal
- Kohlenhydrate: 62 g
- Fett: 26 g
- Eiweiß: 11 g

Zubereitungszeit: 50 Minuten

Zubereitung:

1. Den Backofen auf 180 °C vorheizen und ein Backblech mit Backpapier auslegen.
2. Mehl, Zucker und Vanillezucker vermengen. Anschließend Butter und Eier hinzufügen. Mit Likör und Zitronenschale zu einem Teig verarbeiten.
3. Etwas Mehl auf eine Arbeitsfläche geben und den Teig darauflegen. Die Mandeln in den Teig einarbeiten.
4. Den Teig dritteln und zu Rollen formen. 25–30 Minuten backen.
5. Abkühlen lassen und schräg in Stücke schneiden. Mit der Schnittfläche nach oben weitere 10 Minuten backen.

129. Spekulatius-Eis

Zutaten für 8 Portionen:

- 150 g Spekulatius
- 4 Eigelbe
- 100 g Zucker
- 50 g Vanillezucker
- 100 ml Apfelsaft
- 400 g Sahne

Nährwertangaben pro Portion:

- Kalorien: 341 kcal
- Kohlenhydrate: 32 g
- Fett: 20 g
- Eiweiß: 4 g

Zubereitungszeit: 20 Minuten, Ruhezeit: 8 Stunden

Zubereitung:

1. Eine Kastenform in den Kühlschrank stellen.
2. Die Eigelbe mit Zucker, Vanillezucker und Apfelsaft in einer Metallschüssel vermengen. Die Mischung über einem heißen Wasserbad verrühren, bis sie cremig wird. Die Schüssel danach in kaltem Wasser abkühlen.
3. Die Kekse zerkleinern und einrühren. Die Sahne steif schlagen und ebenfalls untermischen. Anschließend in die Kastenform füllen und über Nacht im Gefrierschrank kühlen.
4. Die Form kurz in heißes Wasser halten, um das Eis stürzen zu können. In Scheiben geschnitten servieren.

130. S'mores-Auflauf

Zutaten für 10 Portionen:

- 160 g Butter
- 100 g Butterkekse
- 150 g Zartbitter-Kuvertüre
- 150 g Vollmilch-Kuvertüre
- 200 g Schlagsahne
- 150 g vegane Marshmallows

Nährwertangaben pro Portion:

- Kalorien: 453 kcal
- Kohlenhydrate: 34 g
- Fett: 32 g
- Eiweiß: 3 g

Zubereitungszeit: 30 Minuten, Ruhezeit: 2 Stunden

Zubereitung:

1. Eine Auflaufform mit Butter einfetten.
2. 100 g Butter in einem Topf zerlassen. Die Butterkekse in einen Gefrierbeutel füllen und mithilfe eines Nudelholzes zerbröseln. Anschließend mit der Butter vermengen.
3. Die Kekse in die Form füllen und andrücken. Die Form in den Kühlschrank stellen.
4. Die Kuvertüre hacken. Sahne und 50 g Butter in einem Topf erhitzen und die Kuvertüre einrühren.
5. Die geschmolzene Schokolade in die Form füllen und verstreichen. Anschließend 2 Stunden im Kühlschrank aufbewahren.
6. Den Ofen über die Grillfunktion auf höchster Stufe vorheizen. Die Marshmallows auf die Schokolade legen. Den Auflauf auf hoher Schiene grillen, bis die Marshmallows geröstet sind.

131. Quarktaschen

Zutaten für 12 Portionen:

- 250 g Quark
- 60 g Zucker
- 50 g Margarine
- 1 Ei
- 1 Pck. Vanillezucker
- 1 Pck. Vanillepuddingpulver
- 2 Pck. Blätterteig

Nährwertangaben pro Portion:

- Kalorien: 257 kcal
- Kohlenhydrate: 25g
- Fett: 14 g
- Eiweiß: 4 g

Zubereitungszeit: 30 Minuten

Zubereitung:

1. Ein Backblech mit Backpapier auslegen. Den Blätterteig auseinanderrollen und insgesamt 12 Quadrate daraus schneiden.
2. Den Backofen auf 180 °C vorheizen.
3. Alle übrigen Zutaten vermengen und auf den Rechtecken verteilen. Die Ecken in die Mitte klappen.
4. Ein ofenfestes Gefäß mit Wasser füllen und in den Ofen stellen. Die Taschen für 20–25 Minuten im Ofen backen.

132. Bunte Crêpe-Torte

Zutaten für 8 Portionen:

- 250 g Mehl
- 2 Eier
- 50 g weiche Butter
- 200 ml Milch
- 250 ml Wasser
- 1 Prise Salz
- 300 ml Sahne
- 200 ml Schmand
- 1 Pck. Vanillezucker
- 1 Pck. Paradiescreme Vanille
- Bratöl
- Lebensmittelfarben

Nährwertangaben pro Portion:

- Kalorien: 354 kcal
- Kohlenhydrate: 28 g
- Fett: 22 g
- Eiweiß: 7 g

Zubereitungszeit: 45 Minuten, Ruhezeit: 3 Stunden

Zubereitung:

1. Eier, Salz, Wasser und Milch mit einem Schneebesen verrühren. Anschließend das Mehl untermischen.
2. Butter in den Teig rühren und den Teig auf vier Schüsseln aufteilen.
3. Jede Portion nach Belieben einfärben und danach 15 Minuten lang kühlstellen.
4. Öl in einer Pfanne erhitzen und dünne Crêpes darin backen.
5. Die Paradiescreme mit Vanillezucker und Sahne steif schlagen, danach den Schmand untermischen. Anschließend 30 Minuten kühlstellen.
6. Einen Crêpe auf eine Platte legen, etwas Creme darauf verstreichen und auf diese Art fortfahren. Vor dem Verzehr einige Stunden kühlstellen.

133. Kirschmichel

Zutaten für 8 Portionen:

- 200 g altbackene Brötchen
- 370 g Sauerkirschen, abgetropft
- 300 ml Milch
- 2 Eier
- 50 g weiche Butter
- 50 g Zucker
- 1 Pck. Vanillezucker
- 2 TL Backpulver
- 1 EL Butter
- 2 EL Semmelbrösel
- 4 EL Puderzucker

Nährwertangaben pro Portion:

- Kalorien: 230 kcal
- Kohlenhydrate: 36g
- Fett: 7 g
- Eiweiß: 4 g

Zubereitungszeit: 45 Minuten

Zubereitung:

1. Den Ofen auf 200 °C vorheizen. Eine Auflaufform einfetten und die Semmelbrösel darin verteilen.
2. Die Brötchen in kleine Stücke schneiden und in eine Schüssel geben. Die Milch in einem Topf erwärmen und über die Brötchen gießen.
3. Die Eier getrennt aufschlagen und das Eiweiß zu Eischnee verarbeiten.
4. Butter, Zucker, Vanillezucker und Backpulver mit einem Handrührgerät vermengen. Anschließend das Eigelb dazugeben. Danach die Brötchenstücke, Kirschen und den Eischnee hinzufügen.
5. Den Teig in die Auflaufform füllen und auf mittlerer Schiene für 30 Minuten backen.
6. Etwas abkühlen lassen und den Puderzucker darübersieben.

134. Blondies

Zutaten für 20 Portionen:

- 300 g weiße Kuvertüre
- 200 g Butter
- 4 Eier
- 300 g Weizenmehl
- 1 TL Backpulver
- 1 TL Vanille-Paste
- ¼ TL Salz
- 45 g Neapolitaner-Waffeln

Nährwertangaben pro Portion:

- Kalorien: 245 kcal
- Kohlenhydrate: 20g
- Fett: 16 g
- Eiweiß: 3 g

Zubereitungszeit: 35 Minuten

Zubereitung:

1. Den Ofen auf 175 °C vorheizen. Ein kleines Backblech mit Backpapier auslegen.
2. Die Kuvertüre hacken und mit der Butter schmelzen.
3. Eier, Mehl, Vanille, Salz und Backpulver mit einem Handrührgerät vermischen. Nach und nach die Kuvertüre untermischen.
4. Den Teig in die Form füllen und zunächst 20 Minuten backen. Zwischenzeitlich die Waffeln in kleine Würfel hacken.
5. Die Waffelstücke nach 5 Minuten Backzeit auf die Blondies geben. Den Kuchen zum Schluss in Rechtecke schneiden.

135. Amerikaner

Zutaten für 8 Portionen:

- 100 g Margarine
- 100 g Zucker
- 1 Pck. Vanillezucker
- 1 Prise Salz
- 2 Eier
- 1 Pck. Vanillepuddingpulver
- 4 EL Milch
- 250 g Mehl
- 3 TL Backpulver
- 150 g Puderzucker
- 2 TL Zitronenschale
- 2 EL Zitronensaft

Nährwertangaben pro Portion:

- Kalorien: 376 kcal
- Kohlenhydrate: 59 g
- Fett: 12 g
- Eiweiß: 4 g

Zubereitungszeit: 25 Minuten

Zubereitung:

1. Den Backofen auf 200 °C vorheizen. Ein Backblech mit Backpapier auslegen.
2. Alle Zutaten bis auf den Puderzucker, die Zitronenschale und den Saft zu einem glatten Teig verrühren. Portionsweise auf dem Blech verteilen und 15 Minuten lang backen. Anschließend abkühlen lassen.
3. Puderzucker, Zitronenschale und Zitronensaft verrühren und die Amerikaner damit glasieren.

136. Pfirsiche vom Grill

Zutaten für 6 Portionen:

- 6 Pfirsiche
- 240 g Mascarpone
- 30 g Zucker
- 3 EL Butter
- ½ TL Zimt
- 2 EL Honig
- ½ TL Pfeffer
- 4 Zweige Thymian

Nährwertangaben pro Portion:

- Kalorien: 248 kcal
- Kohlenhydrate: 22g
- Fett: 15 g
- Eiweiß: 3 g

Zubereitungszeit: 25 Minuten

Zubereitung:

1. Den Grill anheizen. Die Pfirsiche waschen, halbieren und die Kerne entfernen. Die Mascarpone mit Zucker und Zimt vermischen.
2. Die Pfirsiche für 5–6 Minuten auf den Grill legen.
3. Butter und Honig vermengen und schmelzen.
4. Die Pfirsiche auf einen Teller legen und die Butter darübergießen. Die Mascarpone daneben verstreichen und das Dessert mit Thymianzweigen und etwas Pfeffer abrunden.

137. Haferkekse

Zutaten für 10 Portionen:

- 300 g Haferflocken
- 400 g Mehl
- 8 EL brauner Zucker
- 2 TL Salz
- 250 g weiche Butter
- 250 ml Milch

Nährwertangaben pro Portion:

- Kalorien: 504 kcal
- Kohlenhydrate: 59g
- Fett: 24 g
- Eiweiß: 9 g

Zubereitungszeit: 15 Minuten

Zubereitung:

1. Alle Zutaten miteinander vermengen.
2. Den Backofen auf 225 °C vorheizen und ein Blech mit Backpapier auslegen.
3. Aus dem Teig Kugeln formen, auf dem Blech verteilen und etwas flach drücken.
4. Im Ofen etwa 5 Minuten lang goldbraun backen.

138. Aprikosen-Bällchen

Zutaten für 16 Portionen:

- 200 g getrocknete Aprikosen
- 75 g Pekannusskerne
- 130 g Kokosraspeln
- 1 EL Limettensaft
- 2 EL Orangensaft
- 2 EL Ahornsirup

Nährwertangaben pro Portion:

- Kalorien: 123 kcal
- Kohlenhydrate: 8g
- Fett: 8 g
- Eiweiß: 1 g

Zubereitungszeit: 15 Minuten

Zubereitung:

1. Aprikosen und Nusskerne fein hacken. 50g der Kokosraspeln, den Saft und den Ahornsirup dazumischen.
2. Die Masse zu mundgerechten Kugeln formen und anschließend mit den restlichen Kokosraspeln umhüllen. Gekühlt in kleinen Papierförmchen aufbewahren.

139. Erdnuss-Konfekt

Zutaten für 12 Portionen:

- 350 g Vollmilchschokolade
- 100 g Erdnussbutter
- 1 EL Butter
- 1 EL Puderzucker
- ¼ TL Salz

Nährwertangaben pro Portion:

- Kalorien: 224 kcal
- Kohlenhydrate: 18g
- Fett: 14 g
- Eiweiß: 4 g

Zubereitungszeit: 15 Minuten, Ruhezeit: 30 Minuten

Zubereitung:

1. Papierförmchen in eine Muffinblech legen.
2. Die Schokolade grob hacken und schmelzen. Ein wenig abkühlen lassen und dann in einen Spritzbeutel umfüllen. Eine erste Schicht Schokolade auf die Böden der Förmchen spritzen und im Gefrierschrank aushärten lassen.
3. Erdnussbutter, Butter, Puderzucker und Salz miteinander vermengen und einen weiteren Spritzbeutel damit füllen. Die Creme mittig in die Förmchen spritzen, sodass noch etwas Rand vorhanden ist.
4. Die restliche Schokolade in den Förmchen verteilen. Das Konfekt nochmals für 15 Minuten kühlstellen.

140. Türkischer Honig

Zutaten für 12 Portionen:

- 100 g Haselnusskerne
- 100 g Mandeln, geschält
- 100 g Pistazien
- 50 g Orangeat
- 50 g Zitronat
- 50 g Maraschinokirschen
- 2 Eiweiße
- 1 Prise Salz
- 450 g Zucker
- 2 EL Glukosesirup
- 160 g Waldhonig
- Mark einer Vanilleschote
- Eckige Oblaten

Nährwertangaben pro Portion:

- Kalorien: 1127 kcal
- Kohlenhydrate: 170 g
- Fett: 40 g
- Eiweiß: 17 g

Zubereitungszeit: 25 Minuten, Ruhezeit: 5 Stunden

Zubereitung:

1. Die Nüsse auf einem Backblech bei 165 °C 10 Minuten lang rösten. Anschließend in grobe Stücke hacken. Orangeat, Zitronat und die Kirschen vermengen.
2. Das Eiweiß mit dem Salz zu Eischnee schlagen.
3. Zucker, Glukosesirup, 3 Esslöffel Wasser und den Honig in einem Topf auf mittlerer Stufe auf 145 °C erhitzen. Die Mischung anschließend in eine Metallschüssel füllen und das Vanillemark untermengen.
4. Die Zuckermischung langsam zu dem Eiweiß geben und mit einem Rührgerät auf höchster Stufe vermengen.
5. Nüsse und Früchte zu der Masse hinzufügen. Die Oblaten etwa 15 cm breit auf das Blech legen und die Füllung darauf verteilen. Mit einer zweiten Lage Oblaten abschließen. Ein Küchenbrett darüberlegen und für etwa 5 Stunden kühl stellen. Danach Riegel aus der Masse schneiden.

141. Kokosmakronen

Zutaten für 10 Portionen:

- 2 Eiweiße
- 75 g Zucker
- ½ Pck.Vanillezucker
- 1 Prise Zimt
- 100 g Kokosraspeln
- 20 Oblaten

Nährwertangaben pro Portion:

- Kalorien: 107 kcal
- Kohlenhydrate: 10g
- Fett: 6 g
- Eiweiß: 1 g

Zubereitungszeit: 25 Minuten

Zubereitung:

1. Ein Blech mit Backpapier auslegen. Eiweiß mit einem Rührgerät steif schlagen.
2. Den Ofen auf 160 °C vorheizen.
3. Zucker, Vanillezucker, Zimt und Kokosraspeln mit dem Eischnee vermengen. Die Oblaten auf das Blech legen. Jeweils 2 Teelöffel der Kokosmasse auf die Oblaten setzen.
4. Für 10–12 Minuten backen.

142. Ananaskuchen

Zutaten für 12 Portionen:

- 240 g Butter
- 60 g brauner Zucker
- 7 Ananasringe, aus der Dose
- 7 Maraschinokirschen
- 150 g Zucker
- 3 Eier
- 250 g Weizenmehl
- 50 g Mandeln, gemahlen
- 1 TL Zitronenschale
- 2 TL Backpulver
- ½ TL Natron
- 150 ml Buttermilch
- 50 ml Ananassaft, aus der Dose

Nährwertangaben pro Portion:

- Kalorien: 366 kcal
- Kohlenhydrate: 38g
- Fett: 20 g
- Eiweiß: 4 g

Zubereitungszeit: 45 Minuten

Zubereitung:

1. Den Boden einer Springform mit Backpapier auslegen, den Rand mit Butter einfetten. Den Ofen auf 175 °C vorheizen.
2. 60 g Butter in einem Topf zerlassen. Anschließend in die Form gießen und mit braunem Zucker bestreuen.
3. Die Ananasringe in der Form auslegen und die Maraschinokirschen in der Mitte der Ringe platzieren.
4. 180 g Butter und den Zucker mit dem Rührgerät mischen. Nacheinander die Eier untermengen. Mehl, Mandeln, Zitronenschale, Backpulver und Natron verrühren. Abwechselnd die trockenen Zutaten, die Buttermilch und den Ananassaft untermischen.
5. Den Teig gleichmäßig über die Ananas gießen und den Kuchen 35–45 Minuten backen. Nach dem Abkühlen stürzen.

143. Kalter Hund

Zutaten für 12 Portionen:

- 150 g Zartbitter-Kuvertüre
- 450 g Vollmilch-Kuvertüre
- 150 g Kokosfett
- 200 g Schlagsahne
- 2 Pck. Vanillezucker
- 1 TL Orangenschale
- 250 g Vollkornbutterkekse

Nährwertangaben pro Portion:

- Kalorien: 538 kcal
- Kohlenhydrate: 41g
- Fett: 37 g
- Eiweiß: 5 g

Zubereitungszeit: 15 Minuten, Ruhezeit: 5 Stunden

Zubereitung:

1. Eine Kastenform mit Backpapier auslegen, sodass das Papier leicht übersteht. Die Kuvertüre grob hacken und mit der Sahne sowie dem Kokosfett in einem Topf schmelzen und gut vermischen. Anschließend Vanillezucker und Orangenabrieb hinzufügen.
2. Den Boden der Form mit Butterkeksen bedecken. Mit der Schokolade aufgießen, sodass die Kekse umhüllt sind. Nach diesem Prinzip weiter verfahren, bis etwa acht Keks-Schokoladen-Schichten in der Form liegen.
3. Das Dessert für mindestens 5 Stunden in den Kühlschrank stellen. Danach mithilfe des Backpapiers aus der Form heben und auf einen großen Teller stellen.

144. Trifle mit Beeren

Zutaten für 8 Portionen:

- 20 Löffelbiskuits
- 80 ml Apfelsaft
- 100 g Schokoladenraspel
- 200 g Mascarpone
- 150 g Joghurt
- 250 g Puderzucker
- 150 ml Schlagsahne
- 200 g gemischte Beeren
- 1 EL Kirschwasser
- 2 Zweige Pfefferminze

Nährwertangaben pro Portion:

- Kalorien: 422 kcal
- Kohlenhydrate: 54 g
- Fett: 19 g
- Eiweiß: 5 g

Zubereitungszeit: 25 Minuten, Ruhezeit: 30 Minuten

Zubereitung:

1. Den Boden einer großen Glasschale mit 10 Biskuits auslegen. 40 ml Apfelsaft darüber verteilen.
2. Die Mascarpone mit Joghurt und 50 g Puderzucker vermengen. Die Schlagsahne steif schlagen und löffelweise dazugeben. Die Hälfte der Mischung auf den Biskuits verstreichen. Die Hälfte der Raspeln auf der Creme verteilen.
3. Die Beeren mit 200 g Puderzucker und Kirschwasser vermengen und die Hälfte davon über die Creme schichten. Die restlichen 10 Biskuits darauf verteilen und mit 40 ml Apfelsaft begießen.
4. Die restliche Creme darauf verstreichen und die Beeren darüberstreuen. Das Dessert anschließend abdecken und in den Kühlschrank stellen. Die Minze waschen und die Blätter als Dekoration auf dem Dessert verteilen.

145. Karamell-Brownies

Zutaten für 20 Portionen:

- 120 g Karamellbonbons
- 160 g Mehl
- 1 Prise Salz
- 120 g Zartbitterschokolade
- 240 g Butter
- 200 g Zucker
- 4 Eier
- 150 g Haselnusskerne

Nährwertangaben pro Portion:

- Kalorien: 279 kcal
- Kohlenhydrate: 24g
- Fett: 17 g
- Eiweiß: 3 g

Zubereitungszeit: 40 Minuten

Zubereitung:

1. Die Schokolade hacken und zusammen mit der Butter schmelzen. 100 g Zucker hinzufügen und verrühren.
2. Die Eier mit 100 g Zucker mixen. Danach die Schokolade untermischen. Mehl und Salz vermengen und gesiebt zu der Mischung geben.
3. Den Backofen auf 160 °C vorheizen und ein tiefes Backblech mit Backpapier auslegen.
4. Den Teig auf dem Blech verstreichen. Bonbons und Nusskerne hacken und über den Teig streuen.
5. Für 30 Minuten backen, sodass die Brownies innen noch saftig sind.

146. Fruchtleder

Zutaten für 5 Portionen:

- 1 Mango
- 4 Kiwis
- 250 g Himbeeren
- 250 g Erdbeeren
- 2 Äpfel
- 250 g Blaubeeren
- 50 g weiße Chiasamen

Nährwertangaben pro Portion:

- Kalorien: 170 kcal
- Kohlenhydrate: 27 g
- Fett: 4 g
- Eiweiß: 4 g

Zubereitungszeit: 3–4 Stunden

Zubereitung:

1. Die Beeren waschen, die anderen Früchte schälen und grob stückeln.
2. Die Früchte getrennt fein pürieren und anschließend in Schälchen geben. Ein Backblech mit Backpapier auslegen.
3. Das Mus sortiert 1 cm hoch auf dem Blech auftragen und die Chiasamen darauf verteilen.
4. Den Ofen auf 80 °C einstellen. Die Fruchtmischung etwa 3–4 Stunden darin trocknen lassen. Die Beschaffenheit sollte Gummibären ähnlich sein.
5. Das Leder anschließend stückeln oder in Streifen schneiden und aufrollen.

147. Apfelküchlein

Zutaten für 4 Portionen:

- 2 Eier
- 200 g Mehl
- 250 ml Milch
- 1 Prise Salz
- 500 g säuerliche Äpfel
- 2 EL Puderzucker
- 1 TL Zimtpulver
- Butter

Nährwertangaben pro Portion:

- Kalorien: 443 kcal
- Kohlenhydrate: 62 g
- Fett: 16 g
- Eiweiß: 9 g

Zubereitungszeit: 20 Minuten, Ruhezeit: 30 Minuten

Zubereitung:

1. Die Eier trennen. Das Eigelb mit Mehl und Milch vermengen und 30 Minuten ruhen lassen. Das Eiweiß mit dem Salz zu Eischnee schlagen.
2. Die Äpfel schälen und das Kerngehäuse ausstechen. Die Äpfel in 1 cm breite Ringe schneiden. Den Eischnee vorsichtig unter die Eigelb-Mischung rühren.
3. Die Butter in einer hohen Pfanne oder einem Topf erhitzen, die Apfelringe mit dem Teig umhüllen und in der Butter goldbraun backen.
4. Mit Puderzucker und Zimt bestäuben.

148. Gefüllte Cannoli

Zutaten für 20 Portionen:

- 20 Wan-Tan-Blätter
- 4 EL geschmolzene Butter
- 450 g Mascarpone
- 6 EL Butter
- 2 EL brauner Rum
- 450 g Puderzucker
- 175 g geschmolzene Zartbitterschokolade
- 115 g Mandeln, gehackt
- 20 Cannoliröhrchen-Formen

Nährwertangaben pro Portion:

- Kalorien: 375 kcal
- Kohlenhydrate: 46 g
- Fett: 16 g
- Eiweiß: 6 g

Zubereitungszeit: 40 Minuten

Zubereitung:

1. Mit einem Ausstechring oder einem Messer Kreise mit 9 cm Durchmesser aus den Blättern ausschneiden. Die geschmolzene Butter mit einem Pinsel beidseitig auf den Kreisen verstreichen.
2. Den Ofen auf 190 °C vorheizen und ein Backblech mit Backpapier auslegen.
3. Die Kreise um Cannoliröhrchen wickeln und mit der Falte nach oben auf das Blech legen. Etwa 6 Minuten goldbraun backen. Anschließend vorsichtig die Formen herausnehmen und die Cannoli abkühlen lassen.
4. Die Butter stark erhitzen, bis sie leicht braun wird. Anschließend kurz abkühlen lassen und den Rum einrühren.
5. Die Mascarpone und 400 g Puderzucker mit einem Rührgerät vermischen, danach mit der Rum-Butter vermengen. Die Mischung in einen Spritzbeutel füllen.
6. Die Enden der Cannoli in die Schokolade eintauchen und dann mit den Mandeln bestreuen. Antrocknen lassen.
7. Die Creme von beiden Seiten in die Cannoli füllen. Mit der übrigen Schokolade dekorieren und mit dem restlichen Puderzucker bestäuben.

149. Rhabarberkuchen

Zutaten für 10 Portionen:

- 500 g Rhabarber
- 2 EL Zucker
- 3 Eier
- 125 g weiche Butter
- 125 g Zucker
- 125 g Weizenmehl
- 1 Prise Salz
- 2 TL Backpulver
- 1 TL Zitronenabrieb

Nährwertangaben pro Portion:

- Kalorien: 219 kcal
- Kohlenhydrate: 23 g
- Fett: 12 g
- Eiweiß: 3 g

Zubereitungszeit: 50 Minuten

Zubereitung:

1. Die Rhabarberstangen schälen, in kleine Stücke schneiden und mit 2 Esslöffeln Zucker mischen.
2. In einer Schüssel Mehl, Backpulver, Zitronenabrieb und Salz vermengen.
3. Die Eier trennen, Eigelbe und Eiweiße jeweils in eine Rührschüssel geben. Eiweiße mithilfe eines Mixers zu Eischnee verarbeiten. Die Eigelbe mit Butter und Zucker zu Schaum rühren.
4. Die Mehlmischung durch ein Sieb zum Eigelb geben und untermischen. Den Eischnee löffelweise unterheben.
5. Den Ofen auf 200 °C vorheizen und eine Kuchenform einfetten.
6. Den Teig in die Form füllen, mit den Rhabarberstücken belegen und 35–45 Minuten backen.

150. Affenbrot

Zutaten für 12 Portionen:

- 2 EL weiche Butter
- 240 ml warme Milch
- 80 ml warmes Wasser
- 55 g weißer Zucker
- 2 TL Salz
- 1 Pck. Trockenhefe
- 390 g Weizenmehl, Type 405
- 225 g brauner Zucker
- 2 TL Zimt
- 8 TL geschmolzene Butter

Nährwertangaben pro Portion:

- Kalorien: 254 kcal
- Kohlenhydrate: 47 g
- Fett: 4 g
- Eiweiß: 4 g

Zubereitungszeit: 90 Minuten, Ruhezeit: 8 Stunden

Zubereitung:

1. Eine Gugelhupf-Form einfetten.
2. Die weiche Butter, Milch, Wasser, Zucker und Salz vermengen.
3. Die Hefe und 300 g des Mehls in einer zweiten Schüssel vermengen. Die flüssige Masse löffelweise in das Mehl einrühren. Nach und nach das übrige Mehl hinzufügen. Den Teig nur so lange mit den Händen kneten, bis er noch leicht klebrig ist.
4. Eine Schüssel einfetten und den Teig darin 50 Minuten ruhen lassen.
5. Den braunen Zucker und das Zimtpulver vermengen. Den Teig herausnehmen und in mundgerechte Kugeln teilen. Die Kugeln zuerst in die Butter und dann in den Zimt-Zucker-Mix tauchen und in die Form schichten.
6. Mit Frischhaltefolie zugedeckt über Nacht in den Kühlschrank stellen. Eine Stunde vor der Zubereitung aus dem Kühlschrank nehmen. Den Ofen auf 180 °C vorheizen.
7. 30 Minuten backen. Den Kuchen abkühlen lassen.

Schlusswort

Wir hoffen Ihnen schmecken unsere 150 leckeren und vielfältigen Sirtfood Rezepte und wünschen guten Appetit!

REZEPTE
PROFIS

Weitere Kochbücher von den Rezepte Profis

Suchen Sie nach weiteren leckeren, gesunden Gerichten? Dann empfehlen wir Ihnen unsere anderen Kochbücher mit 150 vielfältigen Rezepten!

https://www.amazon.de/dp/1699682313

Low Carb für Berufstätige: Das Kochbuch mit 150 schnell gemachten leckeren Rezepten! Gesunde Ernährung zum Abnehmen für effektive Fettverbrennung inkl. 30 Tage Ernährungsplan + Nährwertangaben

ISBN-13: 978-1699682319

https://www.amazon.de/dp/B08T6VXGQ5

Schnelle Küche Kochbuch: 150 leckere schnelle Rezepte mit nur 5 Zutaten. Für Anfänger, Berufstätige und die ganze Familie für jede Tageszeit! Gesunde Ernährung leicht gemacht inkl. Nährwertangaben

ISBN-13 : 979-8596556445

https://www.amazon.de/dp/179783830X

Zuckerfreie Ernährung: Zuckerfrei leben mit den 150 besten zuckerfreien Rezepten für das Kochen ohne Zucker. Zuckersucht beenden durch gesunde Ernährung - Inkl. gesunde Süßigkeiten + Nähwertangaben

ISBN-13: 978-1090155665

https://www.amazon.de/dp/1793817952

Low Carb Kochbuch: Die 150 besten Rezepte für eine gesunde Ernährung! Abnehmen ohne Hunger und Fett verbrennen am Bauch leicht gemacht (inkl. 30 Tage Diät Ernährungsplan + Nährwertangaben)

ISBN-13: 978-1793817952

https://www.amazon.de/dp/1090155662

Dampfgarer Kochbuch: Die 150 besten Rezepte für gesundes Dampfgaren. Schonendes Garen mit Dampf im Steamer – Leckere und gesunde Gerichte für die schnelle Küche (inkl. Nähwertangaben)

ISBN-13: 978-1090155665

https://www.amazon.de/dp/1794511075

Vegan Kochbuch: Die 150 besten veganen Rezepte für eine vegetarische und vegane Ernährung. Abnehmen und gesund leben leicht gemacht. Inkl. indisch und asiatisch kochen mit Superfood + Nährwertangaben

ISBN-13: 978-1794511071

https://www.amazon.de/dp/1686031858

Ketogene Ernährung: Das Kochbuch mit 150 leckeren Rezepten für eine effektive Keto Diät. Zuckerfrei gesund abnehmen - Optimal gegen Diabetes und Krebs inkl. 14 Tage Ernährungsplan + Nährwertangaben

ISBN-13: 978-1686031854

https://www.amazon.de/dp/173084751X

Kontaktgrill Rezepte: Das Kochbuch mit 150 Rezepten für den Kontaktgrill! Leckere vielfältige Gerichte und alles, was Sie über den Kontaktgrill wissen müssen (inkl. Nährwertangaben)

ISBN-13: 978-1730847516

https://www.amazon.de/dp/1790589444

Heißluftfritteuse Rezepte: Das Kochbuch mit 150 Rezepten für die Heißluftfritteuse. Leckere vielfältige Gerichte für den Airfryer - Gesund kochen und frittieren ohne Öl (inkl. Nährwertangaben)

ISBN-13: 978-1790589449

https://www.amazon.de/dp/1731340168

Dutch Oven Rezepte: Das Kochbuch mit 150 Rezepten für die Outdoor Küche! Ob draußen beim Camping, am Lagerfeuer oder Zuhause. Mit dem Black Pot einfach und lecker kochen (inkl. Nährwertangaben)

ISBN-13: 978-1731340160

https://www.amazon.de/dp/1070440132

Sous Vide Kochbuch: Die 150 besten Rezepte für das schonende Garen im Vakuum. Perfektes Fleisch, Steak, vegetarische und vegane Gerichte für maximalen Geschmack und gesunde Ernährung + Nährwertangaben

ISBN-13: 978-1070440132

https://www.amazon.de/dp/1702182126/

Ketogene Ernährung Vegetarisch: Vegetarisches Kochbuch mit 150 leckeren ketogenen Rezepten für eine erfolgreiche Keto Diät. Zuckerfrei gesund abnehmen inkl. 14 Tage Ernährungsplan + Nährwertangaben

ISBN-13: 978-1702182126

https://www.amazon.de/dp/1672169542

Plätzchen Backbuch: Kekse backen mit den 150 leckersten und kreativsten Rezepten! Cookies, Biscuits, Weihnachtskekse, Shortbread und vieles mehr! Köstliche Süßigkeiten für jeden Anlass und Jahreszeit

ISBN-13: 978-1672169547

https://www.amazon.de/dp/1658561007

Mediterrane Küche Kochbuch: 150 Rezepte für eine leckere gesunde Ernährung mit der Mittelmeer-Diät. Von Fisch und Fleisch bis vegetarisch und vegan - Italienische Küche bis Marokko + Nährwertangaben

ISBN-13: 978-1658561006

https://www.amazon.de/dp/B0848P31T4

Muskelaufbau Kochbuch: Die 150 besten Fitness Rezepte für ein optimales Krafttraining und gesunde Ernährung. Effektives Bodybuilding & Fettverbrennung mit 30 Tage Ernährungsplan + Nährwertangaben

ISBN-13: 979-8604649688

https://www.amazon.de/dp/B0884CHYQQ

Babybrei Rezepte Kochbuch: Babynahrung selbst gemacht mit 150 nahrhaften und leckeren Rezepten für ein gesundes Aufwachsen. Das Beikost Rezeptbuch für eine vielseitige Baby Ernährung im ersten Jahr

ISBN-13: 979-8642839188

https://www.amazon.de/dp/B0884CHYQQ

Babybrei Rezepte Kochbuch: Babynahrung selbst gemacht mit 150 nahrhaften und leckeren Rezepten für ein gesundes Aufwachsen. Das Beikost Rezeptbuch für eine vielseitige Baby Ernährung im ersten Jahr

ISBN-13: 979-8642839188

https://www.amazon.de/dp/B08MVWRCC5

Cocktail Rezepte Buch: Die 150 leckersten Cocktails für jeden Anlass und Geschmack! Gin, Whiskey, Caipirinha, alkoholfrei und mehr – Perfekte Drinks ganz einfach zu Hause mixen

ISBN-13: 979-8560800949

https://www.amazon.de/dp/B08PJGB37L

Brot Backbuch: Das Buch mit den 150 besten Rezepten zum Brot backen, Brötchen, Süßes und Low Carb. Kreative Kreationen mit und ohne Hefe, Sauerteig und Brotbackautomat – Inkl. Nährwertangaben

ISBN-13: B08PJGB37L

https://www.amazon.de/dp/1791690777

Smoothies zum Abnehmen: Die 150 besten und leckersten Smoothie Rezepte in einem Buch! Gesund Abnehmen, Entschlacken und Entgiften leicht gemacht, für mehr Energie im Alltag (inkl. Nährwertangaben)

ISBN-13: 978-1791690779

Rechtliches

Impressum

Rezepte Profis wird vertreten durch:

Noma Commerce GmbH
Stresemannstraße 84
22769 Hamburg

Coverbilder:
Natalia Klenova, pilipphoto, nelea33, Oleksandra Naumenko, zi3000 | shutterstock.com

Haftung für externe Links

Das Buch enthält Links zu externen Webseiten Dritter, auf deren Inhalt der Autor keinen Einfluss hat. Deshalb kann für die Inhalte externer Inhalte keine Gewähr übernommen werden. Für die Inhalte der verlinkten Webseiten ist der jeweilige Anbieter oder Betreiber der Webseite verantwortlich. Die verlinkten Seiten wurden zum Zeitpunkt der Verlinkung auf mögliche Rechtsverstöße überprüft. Rechtswidrige Inhalte waren zum Zeitpunkt der Verlinkung nicht erkennbar. Eine permanente inhaltliche Kontrolle der verlinkten Webseiten ist jedoch ohne konkrete Anhaltspunkte einer Rechtsverletzung nicht zumutbar. Bei Bekanntwerden von Rechtsverletzungen werden derartige Links umgehend entfernt.